W0397992

ET LE CIEL DEVIENT FAMILIER

François et Béatrice Morinière
Juliette, Paul et Matthieu Morinière
avec la collaboration d'Éric Denimal

Et le Ciel devient familier

LE PASSEUR
ÉDITEUR

Pour retrouver l'histoire de Sophie Morinière :
http://sophiemoriniere.wordpress.com

Ce blog créé pendant l'été 2013
a reçu des dizaines de milliers de visiteurs,
issus de plus de cent pays.

www.lepasseur-editeur.com

© Le Passeur, 2015
ISBN : 978-2-36890-317-9

La famille Morinière en juillet 2013

FRANÇOIS Morinière, 48 ans, et Béatrice Morinière, 47 ans, se sont mariés en 1990, et ont quatre enfants : Sophie, 21 ans ; Juliette, 19 ans ; Paul, 17 ans ; Matthieu, 14 ans.

François a fait des études de commerce et dirige depuis 2008 le journal *L'Équipe*. Béatrice, qui a suivi le même parcours universitaire, est mère de famille et travaille bénévolement au Collège des Bernardins.

Sophie est en quatrième année d'école d'ingénieurs à Paris.

Juliette finit sa classe préparatoire et vient d'intégrer une école de commerce à Paris.

Paul vient de passer son baccalauréat et entre en classe préparatoire.

Matthieu va entrer en classe de 3e.

Toute la famille vit sous le même toit.

Bien que Parisiens tous les deux, François et Béatrice ont leurs origines familiales dans l'Ouest, entre Anjou et Poitou, ancrées dans la foi chrétienne depuis toujours. Chez eux, on aime la musique, le chant, le sport, la gastronomie et le vin, les voyages.

Ils ont une vie sociale assez développée, au gré des liens amicaux anciens ou récents, des amis du monde du travail, et de ceux créés au travers d'actions caritatives. Leur maison est un lieu d'accueil ouvert où il fait bon passer pour goûter la chaleur du foyer et l'affection de tous. On y aime les autres sans préjugés et dans la simplicité.

Ouverture

Dans les médias, ce 17 juillet 2013

La délégation parisienne endeuillée
par un accident de bus

Un bus transportant des participants aux Journées mondiales de la jeunesse originaires de Paris a percuté un camion mercredi 17 juillet au matin, dans l'ouest de la Guyane. Le bilan est lourd : une étudiante de 21 ans décédée, trois personnes dans un état grave et six blessés.

Une étudiante parisienne participant aux Journées mondiales de la jeunesse a trouvé la mort, mercredi 17 juillet au matin, en Guyane française, dans un accident de la circulation entre un camion et un bus transportant des jeunes JMJistes originaires de Paris. Les deux chauffeurs et un passager du camion sont dans un état grave, et six jeunes ont été blessés. « Un de ces jeunes est dans un état grave sans que le pronostic vital soit engagé. Il est actuellement hospitalisé à Kourou avec un autre », indique l'archevêché de Paris, aussitôt prévenu des événements. Tous les autres jeunes, blessés ou non, ont été accueillis à l'hôpital de Saint-Laurent-du-Maroni. Une cellule de soutien psychologique a été mise à leur disposition.

Âgée de 21 ans, la victime, Sophie Morinière, était étudiante en quatrième année à l'EPF (école d'ingénieurs) à Sceaux. Aînée d'une fratrie de quatre enfants, elle s'était installée avec sa famille à Paris en 2011 et fréquentait la paroisse de Saint-Christophe de Javel. La jeune femme avait accepté de tenir une chronique des JMJ pour Radio Notre-Dame. « Sophie avait une foi profonde et une belle capacité de présence à chacun, louée par ceux qui l'ont connue », précise l'archevêché de Paris.

Une collision avec un engin de chantier ?

L'accident s'est produit vers 7 h 36 heure locale (12 h 36 à Paris) sur la RN 1, entre Saint-Laurent-du-Maroni et Kourou. Les circonstances de l'accident ne sont pas encore connues, selon le quotidien *France-Guyane*, qui évoque une collision avec un engin de chantier.

Le car transportait 24 jeunes participant aux Journées mondiales de la jeunesse avec le groupe de la paroisse Saint-Léon (Paris XVe). Après avoir passé quelques jours dans des familles de Saint-Laurent-du-Maroni, le groupe, réparti en trois cars, partait visiter le Centre spatial guyanais de Kourou.

Le préfet de la région Guyane a déclenché le plan ORSEC. Une centaine de secouristes ont porté assistance aux blessés. Mgr Bruno Lefevre-Pontalis, vicaire général du diocèse de Paris, qui conduit la délégation de Paris, et Mgr Emmanuel Lafont, évêque de Cayenne, sont aussitôt partis de Cayenne pour rejoindre le groupe à Saint-Laurent.

« Les victimes de l'accident ont été aussitôt entourées par les passagers, prêtres et jeunes adultes, des deux autres cars qui composaient le groupe », précise-t-on à l'archevêché de Paris. « La défunte a été entourée par la prière de tous au long de la journée. »

Les passagers du bus accidenté ont retrouvé le soir les autres membres de la délégation parisienne pour une messe en hommage à la jeune victime. Ils ont tous été accueillis pour la nuit dans les familles qui les avaient reçus depuis le vendredi 12 juillet.

Message du pape François

Une messe présidée par Mgr Emmanuel Lafont, évêque de Cayenne, est dite à l'intention des victimes jeudi 18 juillet à 20 h 30 en la cathédrale Saint-Sauveur de Cayenne. Ce même jeudi, une veillée de prière a lieu à 20 heures en l'église Saint-Léon (Paris XVe). Elle sera présidée par le cardinal André Vingt-Trois, archevêque de Paris.

Interrogé par *La Croix*, Mgr Lafont a fait part de son émotion : « Ces jeunes ont vécu des moments merveilleux depuis leur arrivée. Je suis très heureux de l'accueil qu'ils ont reçu de la part des habitants de Guyane. Cela s'achève dans les larmes, mais avec l'espérance chrétienne. Car on ne pleure pas comme ceux qui n'ont pas d'espérance. »

Le cardinal Vingt-Trois invite à prier pour la défunte et sa famille, et « pour les jeunes frappés par ce drame au cœur de leur démarche de foi ».

Le pape François, par un message adressé à Mgr Emmanuel Lafont, a fait savoir qu'il s'associait à la peine et à la prière de la famille de Sophie, et il a assuré de sa sympathie les blessés, leurs proches et ceux qui les entourent.

*

Jeudi 25 juillet 2013

Rio de Janeiro, Brésil. Fête d'accueil des jeunes sur le bord de la mer à Copacabana pour les Journées mondiales de la jeunesse.

Salut du pape François aux centaines de milliers de participants :

« Chers jeunes, bonsoir !

« Je vous remercie tout d'abord pour le témoignage de foi que vous donnez en ce moment au monde. J'ai toujours entendu dire que les Cariocas n'aiment ni le froid, ni la pluie, mais vous êtes en train de démontrer que votre foi est plus forte que le froid et la pluie. Félicitations ! Vous êtes de véritables héros !

« Je vois en vous la beauté du visage jeune du Christ et mon cœur est plein de joie ! Je me souviens des premières Journées mondiales de la jeunesse au niveau international. Elles furent célébrées en 1987 en Argentine, dans ma ville de Buenos Aires. Je garde vivantes en mémoire ces paroles du bienheureux Jean-Paul II aux jeunes : "J'attends beaucoup de vous ! J'attends surtout que vous renouveliez votre fidélité à Jésus-Christ et à sa croix rédemptrice."

« Avant de continuer, je voudrais rappeler le tragique accident en Guyane française, dont ont souffert les jeunes qui venaient à ces Journées. La jeune Sophie Morinière y a perdu la vie, et d'autres jeunes y ont été blessés. Je vous invite à un moment de silence et de prière à Dieu, notre Père, pour Sophie, pour les blessés, et pour leurs familles. »

1

17 juillet 2013

François

Si Sophie avait été écrasée au coin de la rue, elle serait morte aussi, mais la portée de son décès aurait-elle été la même ? Les circonstances de l'accident ont donné à ce fait divers une autre dimension. À la manière des cercles concentriques toujours plus larges d'une pierre faisant des ricochets dans une mare, le destin brisé de Sophie suscite un mouvement mystérieux depuis dix-huit mois. À l'intérieur du cercle familial, ce que nous vivons et avons reçu nous apparaît, avec le recul du temps, très singulier.

Mgr Philippe Barbarin m'a confié combien l'exemple de Sophie le stimulait jusque dans sa prière quotidienne : « Je récite chaque soir ma prière des complies avec le mémento de Sophie[1] près de moi. » Cette confession, venant d'un homme de Dieu tel que lui, qui n'est pas un novice dans la foi et qui a

1. Cf. p. 210.

eu l'occasion de côtoyer bien des familles endeuillées, ne me semble pas anodine. Comment ne pas être touché par cette proximité avec notre Sophie qu'il n'a jamais connue de son vivant ? Lors d'une messe célébrée à Garches pour l'anniversaire de sa naissance en mars 2014, il en parla comme s'il la connaissait intimement. Le témoignage de Philippe Barbarin, cardinal et archevêque de Lyon prend un relief particulier, mais celui qui émane du curé de la paroisse située à côté de la maison est tout aussi impressionnant.

Au-delà du drame, partagé par tant de familles endeuillées par des accidents, ce sont les circonstances, je le redis, qui font de la mort de Sophie une histoire singulière. Une histoire qui nous échappe et demeure pour nous un mystère. Une histoire qui ne nous appartient plus. Certains, frappés par la même tragédie, s'enferment dans le noir et le silence. Au contraire, nous avons eu le réflexe de ne pas nous isoler. Bien sûr, nous avions autour de nous des amis et, par l'Église, des gens proches. Nous n'étions pas, auparavant, dans la solitude, mais nous n'avions pas pris conscience de la richesse de notre environnement. Et le rayonnement de Sophie durant sa vie a fait que nous ne pouvions être isolés. À seulement 21 ans, elle avait beaucoup semé, et nous avons découvert ce que cela signifie. Je pense à des amis qui ont perdu un fils de dix ans. Leur solitude est d'autant plus épouvantable qu'un jeune enfant a peut-être quelques copains à l'école, mais sa vie n'est pas engagée dans de nombreuses relations. Ils sont restés en contact avec un seul ami de leur fils, sans doute n'y avait-il pas plus à envisager.

Parce que notre fille était impliquée dans de multiples associations, qu'elle se déployait dans plusieurs cercles d'amis, bien des personnes ont voulu nous dire l'amitié qu'elles lui portaient. Enfin, les échos dans les médias ont suscité d'autres connaissances, d'autres contacts.

Béatrice

J'ai été la première à apprendre la mort de Sophie. J'étais au bord de la mer chez ma belle-mère, nous nous apprêtions à aller au cinéma quand un numéro inconnu s'est affiché sur mon portable. Le prêtre référent du groupe de Sophie me téléphonait depuis la Guyane. Encore en état de choc, il tenait des propos incohérents.

Le décès avait eu lieu à peine une demi-heure avant. Comme j'étais avec ma belle-mère, j'ai évité de répéter les mots-clefs « Sophie », « accident », « mort ». J'ai essayé d'admettre l'incompréhensible à demi-mot. J'ai tenté d'appeler François à Paris, mais il était injoignable. C'était l'heure du déjeuner et nous nous étions tant battus tous les deux pour qu'il ne laisse pas son téléphone allumé pendant les repas ! Hélas, ce jour-là, il appliquait à la lettre cette consigne, mes appels restaient vains. Je rageais contre la distance qui nous séparait. J'espérais que François soit bien entouré au moment où je devrais lui apprendre la terrible nouvelle. Je m'impatientais car, mis à part ma belle-mère à qui j'ai tout de suite expliqué les choses, je voulais, bien sûr, que François soit le premier averti.

Juliette était à la maison à Paris, Paul était à Londres et Matthieu à un stage de tennis au Pays basque. Je redoutais que la nouvelle leur parvienne par la télévision ou Internet avant que nous les ayons eus au téléphone. Heureusement, le plan de communication du diocèse avait prévu de ne pas divulguer à la presse le nom des victimes de l'accident durant au moins vingt-quatre heures. François est rentré à la maison pour apprendre la nouvelle à Juliette. Nous nous demandions comment en parler aux garçons qui étaient loin, Juliette nous a donné un conseil : « Faites comme vous avez fait pour nous annoncer l'accident de papi. Dites à Paul et à Matthieu que c'est grave, sans mentir, et précisez qu'ils doivent rentrer. Et une fois devant eux, dites ce qu'il en est. »

Dans le même après-midi, j'ai téléphoné à des amis et à ma famille. La nouvelle de l'accident en Guyane était déjà diffusée par la radio et la télévision, sans préciser le nombre de victimes. L'information selon laquelle au moins une personne était décédée commençait à circuler. Certains proches étaient déjà au courant de l'accident. Je me souviens d'une amie me disant : « Je viens d'entendre à la radio… La Guyane… Dis-moi que ce n'est pas ta fille ! »

François

Je me souviens de ce soleil lourd et blanc de la mi-journée sur Boulogne-Billancourt. Je me souviens avoir hurlé en entendant la nouvelle, la refusant de toutes mes forces et déjà déchiré par sa violence. J'étais alors en train de déjeuner avec un ami très cher qui me prit dans ses bras comme un frère pour éviter que je ne m'écroule de douleur. Je sentais comme l'arrachement d'un membre de mon corps. Je me vois dans le taxi entre le bureau et la maison, car j'étais incapable de conduire, ne sachant comment annoncer cela à Juliette. Je savais que mes mots ne seraient pas intelligibles. Je savais qu'il n'y avait pas de mots, que je ne saurais pas en trouver. Cela se résolut dans la plus brutale des simplicités. Brûlante, violente. L'information est alors encore totalement brute pour moi, d'une cruauté absolue. La première réaction de Juliette a été de ne pas y croire. Elle demandait si j'étais sûr, s'il ne fallait pas vérifier les informations. Elle refusait d'enregistrer la nouvelle. Nous avons beaucoup pleuré ensemble. Elle était tétanisée et incapable d'exprimer quoi que ce soit. Je me suis isolé pour passer quelques coups de téléphone. Le prêtre de l'église voisine, prévenu par l'évêché, s'est présenté chez nous. Avec un calme pudique, il nous indiqua simplement que son église nous était ouverte pendant toute la soirée, même la nuit. Il me proposa de dire une messe en notre présence, si nous en ressentions le besoin plus tard. J'ai gardé cette idée dans un coin de ma tête.

Dans les jours et les semaines qui ont suivi l'accident, les nombreux contacts que j'ai eus avec les hommes d'Église m'ont édifié. J'ai senti combien leur ministère pouvait être éclairant, appréciant la profondeur de leur expérience de la détresse. Comme une assistante sociale, un policier ou un médecin, ils sont confrontés au quotidien à toutes les formes du malheur humain. Mais eux sont porteurs de la Grâce, qui transforme la simple écoute en ministère. Elle fait d'eux des êtres dont les paroles, les conseils et même les silences sont précieux. Dans les situations de grande souffrance, nous avons besoin d'avoir des gens autour de nous. Rien de pire que d'ajouter de la solitude à la détresse. On a besoin de s'appuyer sur quelqu'un, de toucher physiquement l'autre afin de saisir que l'on est toujours dans la réalité et non dans un cauchemar. La présence d'êtres compatissants, aimants, a calmé mes peurs et mes angoisses. Cette expérience m'a permis de ressentir en vérité un passage de l'Évangile : dans le jardin des Oliviers, Jésus, qui sait ce qui l'attend, veut s'isoler un peu pour prier. C'est un moment redoutable parce qu'il doit accepter de passer par la mort, et « la mort sur une croix. » Là, il demande à trois de ses disciples de veiller avec lui. Le Fils de Dieu éprouve le besoin de ne pas passer ce moment seul. Dans sa parfaite humanité, il ressent au plus profond de lui la nécessité d'autrui.

S'Il a eu besoin de soutien, alors nous, comment pouvoir nous en passer ?

Juliette

Au moment de l'accident, j'étais à la maison rivée à l'ordinateur, plongée dans des recherches. J'ai entendu papa rentrer. En général, quand l'un d'entre nous entre à la maison, il crie : « Coucou ! C'est moi, je suis là ! ». Cet après-midi-là, seul le silence a suivi le claquement de la porte d'entrée. J'ai lancé un bruyant « Coucou ! » sans réponse.

C'était inquiétant. Mon père est entré dans la pièce. Il était livide, transpirant comme jamais, le visage défait. J'ai cru qu'il était malade, lui ai dit de s'allonger. Il m'a fait comprendre qu'il ne s'agissait pas de lui. Une pensée s'est imposée : quelqu'un est mort. La douleur de mon père était visible, il peinait à respirer et ses phrases étaient incohérentes. Je suis parvenue à saisir quelques mots : « Je suis tellement désolé… C'était ta Sophie… Je suis désolé… » On aurait dit qu'il avait de la peine pour moi, qu'il s'en voulait de m'annoncer cette terrible nouvelle alors que lui-même était effondré et pleurait. Je ne parvenais pas à remettre en ordre les éléments qu'il me donnait. J'étais persuadée qu'il se trompait, que d'autres informations rassurantes allaient balayer celles-ci, que… J'ai alors basculé dans un espace irréel, hors du temps. Que l'accident se soit passé à des milliers de kilomètres lui donnait un caractère d'irréalité.

Nous étions incapables de « voir », je n'arrivais pas à percuter. Préoccupée par mes inscriptions et tout un fatras de futilités administratives, je n'avais pas suivi le périple de Sophie et je ne savais pas précisément où elle se trouvait. Guyane ? Brésil ? Des milliers de jeunes étaient sur les routes en partance pour les JMJ et ce serait Sophie, elle, et pas une autre, qui aurait été victime d'un accident ? Comment le croire ?

Pendant au moins deux heures, papa et moi nous sommes restés prostrés sur le lit des parents. De temps en temps, une sonnerie retentissait, celle du portable de papa ou du mien. Un prêtre m'a proposé de passer. J'étais perdue : « Mais vous n'êtes pas au Brésil ? » Il s'agissait du prêtre de l'église voisine. Papa commençait à appeler des amis. Je voulais en faire autant, il fallait pouvoir parler. Je composais les numéros d'amies les uns après les autres, mais mes appels restaient désespérément sans réponse. L'idée de téléphoner à ma cousine Marie m'a soudain traversé l'esprit. Elle m'a immédiatement répondu et nous a aussitôt retrouvés à la maison. Le prêtre que j'avais eu au téléphone est arrivé également. Nous ont rejoint Maxime, un bon ami de Sophie, et Bertrand, un ami de mes parents qui, par son métier de militaire, est habitué à la gestion de crise. Nous étions plongés dans une atmosphère irréelle. Tout le monde paraissait être dans un état second. C'était un cauchemar et nous allions nous réveiller. Je souhaitais aller me coucher pour oublier, que la vie normale reprenne son cours le lendemain matin. Mais demain serait semblable ainsi qu'après-demain. Je prenais peu à peu conscience que notre vie avait définitivement changé. Au milieu de la soirée, mes frères et maman étaient revenus. Nous nous sommes retrouvés tous les cinq. Plus jamais nous ne serions six.

Paul

Sophie avait eu un accident quelque part sur son trajet pour Rio. Voilà ce que je savais lorsque je suis monté à bord de l'Eurostar qui devait me ramener à Paris. Sophie était ma grande sœur. Je suis le troisième, le loup solitaire de la famille. Depuis trois ans que nous sommes à Paris, la chambre de Sophie et la mienne sont voisines, notre relation frère/sœur en est devenue plus intime. Nous passions beaucoup de temps dans la chambre l'un de l'autre. Sans chercher à m'impliquer dans ses engagements, elle me montrait simplement ce qu'elle faisait.

Nous avons eu parfois, et surtout les derniers temps, des discussions plus animées que d'ordinaire, au point de nous fritter durant mes révisions du bac. Oui, nous avons eu des échanges plutôt vifs. La dernière fois que je l'avais vue, c'était le 6 juillet, au mariage d'un cousin. Nous ne devions plus nous croiser avant trois semaines puisqu'elle partait aux JMJ au Brésil, et moi à Londres. J'ai pensé : « Ouf, des vacances ! Cela nous fera du bien à tous les deux. Je vais enfin être seul, loin de cette sœur un peu hystérique qui me chauffe les oreilles. Au revoir ! »

Quand j'ai reçu un appel téléphonique pour me faire rentrer d'urgence, je me suis rappelé cela. Alors que j'étais déjà à Oxford, nous avions discuté via Skype et cela avait été un excellent moment, détendu et sans rancune. Tout était redevenu normal entre nous. La veille de son départ, elle me montrait fièrement sa chambre rangée et, comme je me sentais un peu seul en Angleterre, notre discussion avait été une bouffée de joie. Il n'empêche qu'au moment de mon retour en catastrophe à Paris, je ne pensais qu'au mariage de ce cousin et à l'au revoir un peu sec avec Sophie, qui avait été notre dernier contact physique, et la culpabilité m'envahit.

Je me souviens de ce voyage en Eurostar, seul, ressassant les mots de maman au téléphone. Je savais qu'un grave accident était arrivé en Guyane, que l'on comptait plusieurs blessés graves et un mort, une jeune femme. Mais où était Sophie dans cette histoire ? Des images terribles me venaient. Je les repoussais de toutes mes forces. Mon téléphone était déchargé, impossible d'appeler qui que ce soit. Pour ne pas penser, j'ai allumé mon iPod réglé en mode aléatoire et j'ai gardé mes écouteurs vissés à mes oreilles. Bercé par la musique, je regardais les paysages défiler. Un cantique chrétien m'a soudainement sorti de ma torpeur. J'ai tendu l'oreille, attentif à ce chant que je trouvais magnifique. Je l'ai ensuite réécouté encore et encore. *Adoramus te, adoramus te !*

Je redoutais le pire, mais ce chant répété en boucle installa peu à peu une paix profonde en moi. Chaque parole me touchait, me rendait plus fort. *Adoramus te*... Une certitude s'est imposée : ce n'était pas une parole énervée qui pourrait ternir la relation que nous avions Sophie et moi. Ce chant est désormais inscrit dans ma tête, à jamais. Dès que la tristesse menace, je le réécoute.

> *Adoramus te*, Jésus fils de Dieu !
> Ô Dieu Saint nous venons t'adorer.
> *Adoramus te*, Jésus roi des Rois !
> Dieu sauveur nous venons t'adorer.
>
> Jésus, image du Père, splendeur éternelle,
> Jésus, source de la vie : *adoramus te !*
> Jésus, Dieu fait homme, fils du Dieu vivant,
> Jésus, prince de la paix : *adoramus te !*
>
> Jésus, père des pauvres, secours des malades,
> Jésus, ami des pêcheurs, *adoramus te !*
> Jésus, bon berger, doux et humble de cœur,
> Jésus, bonté infinie, *adoramus te !*

Matthieu

Au moment de la mort de Sophie, j'étais dans les Landes et ne pensais qu'au tennis. On m'a demandé de rentrer immédiatement à Paris car Sophie avait été victime d'un accident. J'ai aussitôt pensé au pire ; je savais qu'on ne m'avait pas fait rentrer prématurément pour une jambe dans le plâtre.

J'ai vécu les dix jours qui ont suivi dans un état second. Bien sûr, j'étais profondément triste, mais nous étions tellement entourés que parfois j'oubliais pourquoi il y avait tous ces amis et ces cousins à la maison. Tous ces gens étaient des personnes que nous aimions beaucoup, et leur présence rendait le deuil un peu moins lourd, peut-être moins réel. Je suis sûr que, sans eux, nous aurions été beaucoup plus anéantis. En tout cas, très certainement, l'aurais-je été.

François

Je n'avais pas osé allumer le poste de télévision tant je craignais de tomber sur des images de l'accident. Marie m'a poussé à le faire. BFM : *Terrible accident de car en Guyane. Des jeunes Français blessés...* Un numéro vert défilait en continu. En appelant, j'ai été en ligne avec la cellule de crise à Cayenne. Le sous-préfet était gêné à l'autre bout de la ligne. Nous sommes convenus de nous rappeler plus tard. Il m'a dit que le corps de Sophie avait été transporté à la morgue de Mana.

Morgue. Ce mot concentrait mes épouvantes. Il sonnait affreusement dans ma tête.

Cet après-midi-là, puis tout au long de la soirée, bien des gens ont afflué à la maison, j'ai du mal à me souvenir de qui était présent... Max, l'un des meilleurs amis de Sophie, est venu spontanément. Ce garçon de vingt-deux ans était effondré mais calme, alors que moi, l'adulte dans sa maturité, je traversais ces heures dans un état d'intense fébrilité. Béatrice arrivait à Orly et se rendrait à la gare du Nord pour accueillir Paul. Moi, je devais récupérer Matthieu plus tard dans la soirée à Orly. Max nous y a conduits, Juliette et moi, car j'étais incapable de prendre le volant.

L'avion de Biarritz avait du retard. Je faisais les cent pas dans l'aérogare désert en me répétant les mots impossibles que j'allais devoir prononcer. Matthieu était si proche de Sophie, si jeune, j'allais lui déchirer le cœur. Ils partageaient énormément de choses et notamment l'amour du sport. Ils avaient été ensemble aux Jeux olympiques de Londres, et plus récemment au Stade de France pour la victoire historique de notre club de cœur : Saint-Étienne. Comment supporter la fin d'une telle complicité si touchante ?

Il eut une réaction incroyablement mature. Il avait encore plus mal pour moi que pour lui-même. En tout cas, nous nous serrâmes dans les bras avec une force inouïe.

Ce dont je me souviens bien, c'est d'avoir moi-même annoncé la nouvelle à bon nombre de connaissances, comme si j'avais besoin de partager ma peine. Il m'importait beaucoup que mes amis apprennent la nouvelle par moi et de leur raconter ce qui se passait.

Une intuition qui aura de belles conséquences m'est venue : j'ai appelé Valérie Fourneyron, alors ministre des Sports. Mon travail m'avait permis de la rencontrer et nous nous étions liés d'une amitié professionnelle. C'est une belle personne. Elle était en visite à *L'Équipe* quelques mois auparavant et nous avions terminé notre déjeuner par un café dans mon bureau. J'avais partagé avec elle mes soucis liés à un plan de restructuration. Licencier quatre-vingts collègues était une nécessité, mais aussi un crève-cœur. Elle me prit par l'épaule et me dit : « Appelle-moi quand tu voudras si tu as besoin et nous échangerons. » Avec les innombrables soucis qu'elle avait à gérer, elle réussissait tout de même à me témoigner sollicitude et bienveillance. Cela détonnait par rapport à tous les ministres que j'ai eu l'occasion de rencontrer au cours de ma vie professionnelle.

Je l'ai donc appelée pour savoir s'il était possible de prendre contact avec Christiane Taubira, garde des Sceaux et, surtout, originaire de Guyane. Mon souci était de savoir si elle pouvait intervenir pour faciliter les démarches, soit pour se rendre sur place, soit pour rapatrier le corps de ma fille. Valérie a contacté Christiane Taubira qui se trouvait à l'Assemblée nationale et m'a transmis son numéro de téléphone. J'ai pu l'avoir en ligne rapidement. Elle m'a dit : « C'est ma terre. Je suis mère et je me sens proche de votre drame. » J'ai entendu des paroles douces, calmes, pleines de compassion. Elle téléphonera, le même soir, pour me donner des informations et me dire combien tout le monde était mobilisé là-bas. Ses mots ont été un puissant réconfort.

Je me souviens qu'un sentiment égoïste me taraudait : pourquoi n'y avait-il eu qu'une seule victime ? Pourquoi les autres n'avaient-ils que des blessures ? Pourquoi le sort avait-il fauché uniquement ma fille ? *A posteriori*, j'ai rendu grâce à Dieu pour la guérison des autres, pour avoir épargné à d'autres parents ce malheur. Et du coup, nous avons eu sûrement encore plus d'attentions afin de rendre notre calvaire moins terrible.

À 23 h 30, tout le monde était rassemblé à la maison alors que quelques heures auparavant nous étions dispersés en France ou à l'étranger. Ce fut un grand soulagement d'être réunis, de partager les mêmes informations. Porter ensemble ce fardeau nous le rendait moins écrasant. Trente ou quarante personnes étaient également chez nous. Au gré des allées et venues, des amis ont improvisé une récitation de la prière du chapelet dans le salon. Maman est tombée dans mes bras. Elle a 83 ans et sa relation avec Sophie était forte car ma fille avait habité six mois chez elle pendant sa deuxième année à l'EPF. Elles avaient noué une complicité particulière et la gentillesse sans limite de Sophie avait trouvé un parfait écho dans le cœur de sa grand-mère. Sophie avait eu la délicatesse de passer l'embrasser la veille de son départ pour un dernier au revoir. Je savais que Sophie avait rejoint au Ciel mon père, et que ces deux personnes si bonnes devaient jouir de merveilleuses retrouvailles dans la lumière de Dieu.

En échangeant au téléphone avec Béatrice alors que j'étais dans le taxi, nous avons décidé de faire dire une messe dès ce premier soir de deuil. Ce moment de recueillement rien que pour nous, en pleine nuit, fut une situation parfaitement inédite mais ô combien apaisante. J'ai vraiment eu le sentiment qu'à ce moment-là, nous avons été portés par une force extérieure, une bienveillance divine. Vers 1 h 30 du matin, la petite troupe que nous formions est sortie de l'église, dans un Paris silencieux, étouffant sous la chaleur estivale. Sans doute composions-nous un spectacle étrange !

Béatrice

La fin de cette terrible journée m'a paru se terminer presque bien. Nous étions tous les cinq pour faire face à ce qui nous arrivait. L'annonce du décès était tombée en tout début d'après-midi et il fallut attendre le soir pour que nous soyons tous réunis, cela m'a semblé interminable.

Notre temps de recueillement au cœur de la nuit a été d'un grand secours. Dans un Paris endormi, nous avons vécu un moment étonnant dans l'église, et nous en sommes sortis plus légers et apaisés. Nous avions l'impression d'être des clandestins de Dieu, tels les premiers chrétiens qui devaient se cacher la nuit pour prier.

2

18 juillet 2013

François

Le lendemain, le sous-préfet de Guyane m'a annoncé que les choses s'avéraient plus compliquées que prévu : Sophie, devant subir sur place une autopsie afin de déterminer la cause de la mort, ne pourrait pas être rapatriée rapidement. Il m'a assuré faire tout son possible avec les autorités locales pour que le corps puisse revenir en France dans les meilleurs délais, soit le jeudi suivant. Cependant, il ne serait pas possible d'ouvrir le cercueil à l'arrivée. Fallait-il partir en Guyane pour revoir notre fille ? Était-il nécessaire de nous rendre sur place pour effectuer toutes les démarches ? Personnellement, je redoutais un tel voyage. L'idée de quitter Paris et cette multitude d'amis et de proches qui rendaient ces moments difficiles plus supportables m'angoissait au-delà de toute expression. Aller en Guyane, c'était partir seul, ou presque, pour affronter le pire. Ce jour-là, une veillée de prière à l'intention des blessés et de Sophie fut organisée par l'évêché de Paris à l'église Saint-Léon à 20 h. Mgr Éric de Moulins-Beaufort, évêque auxiliaire de Paris, la prépara avec nous. Cet homme, d'une haute stature intellectuelle, nous parlait avec calme. Il respirait la présence de Dieu, et dans un sentiment communicatif je me sentais englobé dans cette atmosphère particulière et unique. Le cardinal Vingt-Trois nous attendait sur le parvis de l'église et, lorsqu'il nous a accueillis, il nous a enlacés tous les cinq ensemble. Nous avions besoin de ce contact physique et fraternel. Ceux qui connaissent Mgr Vingt-Trois ont été étonnés parce que d'ordinaire il est plutôt réservé. Il se faisait pasteur de notre tout petit troupeau apeuré. L'Évangile du jour s'appuyait sur le passage où Jésus évoque la charge qu'il faut déposer à Ses pieds. Le cardinal a particulièrement insisté sur le fait que le Christ porte notre fardeau dès lors que nous lui faisons assez confiance pour le lui abandonner. Ses paroles fortes furent bienvenues. L'église débordait de monde : amis, collègues, familles des JMJistes, simples paroissiens. La ferveur était au rendez-vous. Cette humanité en modèle réduit faisait corps avec nous, pour nous réchauffer.

Nous sommes allés dîner avec quelques amis proches. J'ai le souvenir d'un moment sans trop de tristesse. Quelle situation improbable ! Comment expliquer que, le lendemain de la mort de notre Sophie, nous puissions être avec des parents et des amis à discuter à la terrasse d'un restaurant, deux heures durant et de façon assez décontractée. J'étais dans un état de grâce, il me paraissait évident que nous étions portés.

Il était temps de se pencher sur les aspects concrets des obsèques. Un prêtre a évoqué un service de pompes funèbres, le Service catholique des funérailles (SCF), mis en place par le cardinal Lustiger dix ans auparavant. Je n'allais pas me lancer dans une étude de marché. J'ai donc pris contact avec le SCF et, tout de suite, j'ai eu au téléphone son créateur, Christian de Cacqueray. Ce « professionnel de la mort » a été extrêmement touché par notre histoire. Sa vocation était née lors d'autres JMJ, celles de 1997, à Paris où il avait eu l'idée de concevoir un service funéraire catholique plus respectueux du rite et moins commercial. Sa vision des choses a rencontré celle du cardinal Lustiger. Lui qui exerce sa profession au milieu de gens frappés par le deuil a eu pour nous une attention particulièrement réconfortante. Alors que tout aurait pu s'avérer être compliqué, notamment la question du rapatriement du corps de Sophie, il a œuvré pour que tout se passe dans les meilleures conditions possible, nous évitant même de devoir nous déplacer immédiatement en Guyane pour les formalités d'usage.

Le soutien de Christian a été précieux. Il est toujours plus rassurant et consolant de traverser ces événements et ces circonstances avec quelqu'un pétri d'humanité. Aujourd'hui, il est devenu un ami avec qui nous pouvons partager des choses moins lourdes, et même joyeuses. La foi a scellé notre amitié. Être en communion et avoir une même perception chrétienne de la mort a rendu les choses plus faciles. Je me demande qui devient ami d'un responsable de pompes funèbres après les funérailles de son enfant ?

Ce soir-là, j'ai reçu un nouvel appel de Christiane Taubira. Elle était toujours calme et montrait une proximité qui me touchait profondément. Elle avait fait accélérer les procédures pour l'autopsie, arrangé les choses avec le procureur de la République à Cayenne et en métropole, pris contact avec Air France. Finalement, elle m'a annoncé que le corps de Sophie arriverait dès le dimanche, soit quatre jours après l'accident. Un déplacement en Guyane n'était plus utile.

Cependant, une question restait : serait-il possible de revoir Sophie ? Madame Taubira nous a accordé cette faveur bien que la procédure soit exceptionnelle et son déroulement complexe. En effet, l'ouverture du cercueil scellé devait être autorisée par le procureur de Créteil, dont dépend l'aéroport d'Orly où arriverait le corps. L'aval du procureur du Paris, après consultation du préfet de police, était également requis. L'ensemble de ces démarches devant être bouclées avant dimanche. Il fallut ensuite toute la détermination de Christian pour bien caler les choses pendant un week-end de juillet...

J'avais également reçu, parmi de nombreux appels, un coup de téléphone de Nicolas Sarkozy depuis le Canada où il était en vacances. Son épouse était à ses côtés. J'avais eu l'occasion de le rencontrer à titre professionnel, notamment au moment des élections présidentielles de 2012, où il avait été reçu au journal *L'Équipe*, tout comme François Hollande.

Il me fit part de la peine qu'il avait pour nous et de ses pensées pour ma femme dont la douleur devait être immense, disait-il. J'ai été touché par sa gentillesse et sa prévenance. Plus tard, il aura l'occasion de me confier que la chose la plus difficile qu'il ait eu à vivre, en tant que président de la République, fut de téléphoner ou voir des familles pour annoncer des morts brutales : « J'ai tout vécu, des guerres, des trahisons… mais le plus dur dans mon rôle de chef de l'État a été d'accompagner les familles de victimes. On ne peut s'y habituer… » Ce même samedi, un coursier est arrivé de l'Élysée avec un mot manuscrit du Président François Hollande, rédigé de son écriture « pattes de mouche ». J'ai été sensible à ses marques de sympathie. Il me disait ses sentiments fidèles. Moi qui ne suis rien dans ce monde, je recevais le témoignage du plus haut personnage du pays, qui a pourtant tellement d'autres soucis.

Tout au long de cette période, notre maison a toujours été pleine de monde. À table, nous nous retrouvions facilement à dix, quinze, voire plus. Ces présences n'ont pas été pesantes mais réconfortantes. Parler, discuter, partager m'a considérablement aidé. Côtoyer quotidiennement tous ces proches, pour la plupart de notre tribu, partageant notre foi, m'a presque rendu heureux. J'ai senti que des amis du bureau étaient littéralement touchés dans leur chair à travers mon deuil. Certains liens deviennent aussi forts que ceux du sang.

Béatrice

Que le président de la République actuel ou l'ancien se soient manifestés ne m'a pas véritablement émue. Par contre, il faut avouer que l'implication de Christiane Taubira dans notre histoire familiale m'a troublée.

En effet, Sophie s'était très engagée dans la lutte contre la loi pour le « mariage pour tous » dont la garde des Sceaux était à l'origine. Le 17 juillet, il restait encore dans la maison des pancartes et des drapeaux que Sophie avait utilisé lors des manifestations. Or, dès le lendemain du drame, nous avons reçu une gerbe de fleurs impressionnante, comme nous en avions rarement vu. C'était une attention de Christiane Taubira.

En apercevant cette gerbe de fleurs, qui prenait une place conséquente dans notre salon, je n'ai pas résisté à l'envie d'aller chercher un drapeau de la « Manif pour tous » pour le planter dans le bouquet. C'était presque drôle !

Les mois qui suivront me montreront que la femme publique qu'est la ministre est plus complexe que son image, qu'elle a aussi de profondes valeurs humanistes. Elle fera preuve d'actes de vraie générosité envers nous, une famille dont elle savait pertinemment ne pas partager certaines convictions.

L'être humain est forcément plus complexe qu'il n'y paraît, et il faut bien séparer le jugement des actes de celui des personnes. Sophie est montée au Ciel un mercredi, a été enterrée un mercredi, et Christiane Taubira a envoyé pendant plusieurs semaines un SMS de soutien tous les mercredis à François. Tout comme une amie qui avait choisi ce jour de la semaine, symbole pour elle du « jour des enfants », pour manifester sa fidélité dans la compassion, et qui continue toujours quand d'autres le font tous les 17 du mois. En revanche, bien d'autres ont abandonné cela très vite...

3

Regards sur Sophie

François

Dans notre famille, la foi n'est ni démonstrative ou charismatique, ni focalisée sur les émotions. Il s'agit plutôt d'une foi tranquille qui va de soi, reçue de nos parents et transmise de façon naturelle à nos enfants. D'ordinaire elle ne se dit pas ; elle se remarque éventuellement par notre façon de vivre. Par exemple, nous aimons la messe dominicale, la vivre en famille, et nous ne nous cachons pas pour le dire, sans excès non plus. J'aime voir mes quatre enfants en train de prier ensemble. Nous leur avons donné une éducation chrétienne, complétée par celle reçue dans des établissements scolaires catholiques, sans oublier l'exemple parlant de leurs grands-parents. Certains ont fait un peu de scoutisme sans plus, et ils ont commencé à prendre des engagements en fonction de leur goût personnel. Je pense que la foi est un socle qui permet tout, et j'ai voulu ardemment qu'ils croient en ce Dieu d'amour.

Nous prions assez peu ensemble, sauf pour les grandes fêtes. Nous avons fait plusieurs démarches spirituelles en famille : la visite mémorable de Jean-Paul II à Lourdes en août 2004, malade parmi les malades ; la messe de Benoît XVI sur l'esplanade des Invalides en septembre 2008. Nous sommes sensibles à la beauté et à la force de ces grands rassemblements, et nous avons transmis un peu le virus à nos quatre enfants.

Nous avons pris quelques engagements dans l'Église pour rendre service. Je n'aime pas manifester ma foi de façon ostensible. Je ne la cache pas non plus. Mais, par exemple, de nombreux collègues furent surpris de découvrir ma foi à l'occasion de la mort de Sophie.

Dans ce monde déchristianisé, se dire croyant c'est prendre un risque. Il est si facile d'être repris au premier acte en contradiction avec l'Évangile ! Croire ne nous rend en rien différents des autres. Nous ne sommes pas meilleurs et nous sommes aussi faibles.

Sophie s'est construite sur le même modèle que nous. Sa foi n'était pas théorique, mais pratique, ainsi que l'exprime l'apôtre Jacques : « Mes frères, à quoi cela sert-il que quelqu'un dise "J'ai la foi", s'il ne le prouve pas par ses actes ? Cette foi peut-elle le sauver ? Quant à moi, je vous prouverai ma foi par mes actes[1]. » Sophie ne se posait pas de questions, la foi et sa pratique allaient de soi, imprégnaient sa vie sans résistance. Elle a toujours été une enfant docile et obéissante. Elle a reçu la foi chrétienne avec

1. *Épître de saint Jacques* 2, 14.18.

simplicité, y a adhéré, telle une évidence. Plus tard, elle a rencontré des gens qui ne partageaient pas ses convictions et elle a décidé que la seule façon de répondre aux questions existentielles passait par l'exemple. Elle savait qu'il n'était pas possible d'expliquer la foi uniquement par des raisonnements, mais que la mise en œuvre de l'amour de Dieu et du prochain la rendrait sensible à autrui. C'est ce qui a touché tout le monde. Elle prenait les gens à revers par sa pratique évangélique.

Paul

Quand elle s'est engagée à accompagner des malades qui voulaient se rendre à Lourdes, elle m'a dit : « Regarde et vois par toi-même si c'est important ou pas. » Ce n'était pas du prosélytisme, elle mettait sous mes yeux la cohérence entre les actes et la foi. Quand j'ai été devant des choix difficiles, elle m'aidait à prendre du recul, à peser le pour et le contre. Cela n'avait rien d'exceptionnel, mais quand j'en avais besoin, elle était là. Elle a souvent été à l'origine de mes décisions. J'ai suivi sa trace à Lourdes en y allant avec elle, et maintenant j'ai repris en quelque sorte cet engagement qui me plaît vraiment.

Béatrice

Depuis le départ de Sophie, mon regard sur elle a changé. En échangeant avec certains de ses amis, nous avons découvert des pans entiers de sa foi. Nous connaissions notre fille par cœur, mais elle avait aussi ses jardins secrets. J'ai découvert qu'au cours du carême 2013, elle s'était engagée, avec une amie, à réciter, chacune de leur côté et quotidiennement la prière du cardinal Newman que récitent tous les jours les Sœurs Missionnaires de la Charité à la suite de Mère Teresa. Était-ce un signe prémonitoire ? Le besoin d'engranger tant qu'il fait jour ?

Seigneur, dans le silence de ce jour naissant
Je viens te demander la paix, la sagesse, la force.
Je veux regarder aujourd'hui le monde
Avec des yeux remplis d'amour,
Être patient, compréhensif, doux et sage.
Voir au-delà des apparences tes enfants
Comme Tu les vois Toi-même
Et ainsi ne voir que le bien en chacun.
Ferme mes oreilles à toute calomnie,
Garde ma langue de toute malveillance,
Que seules les pensées qui bénissent
Demeurent en mon esprit.
Que je sois si bienveillant et si joyeux
Que tous ceux qui m'approchent sentent Ta présence.
Revêts-moi de ta bonté, Seigneur,
Et qu'au long de ce jour je Te révèle.

Sophie avait adopté la politique des « petits pas ». Elle ne cherchait pas à révolutionner la société par des actions spectaculaires, mais elle avait le souci d'actions ordinaires qui rendent la vie plus légère. Chaque matin, quelle que soit l'heure à laquelle Sophie partait, je retrouvais le lave-vaisselle vidé... Je savais bien que cela ne se faisait pas tout seul.

Telle était sa manière discrète de servir, en silence. Un détail sans doute, mais voilà sa foi, en action dès l'aube. Elle distribuait constamment des petits gestes, qui n'avaient l'air de rien, mais qui pouvaient éclairer la journée de ceux qui les recevaient. Ignorant son attachement à la spiritualité de Mère Teresa, je n'ai compris le sens de ces attentions qu'après sa mort. Comprendre tout cela trop tard m'a d'abord rendue triste et puis, au fil du temps, je l'ai pris comme un clin d'œil. Dorénavant, je pense à elle, entre autres à chaque fois que je vide le lave-vaisselle ou que j'accomplis discrètement à son exemple des petits gestes de service ordinaires. Je crois même que, sans qu'on en ait parlé, Juliette a pris le relais…

François

Rétrospectivement, nous avons noté un phénomène dans les engagements de Sophie qui s'est révélé une réalité commune à de jeunes croyants brusquement décédés. Il s'est produit une sorte d'accélération de ses actions bienveillantes au cours de sa dernière année. Comme une urgence à accomplir des actes bons avant qu'il soit trop tard. Une attirance vers Dieu de plus en plus forte et précise.

Béatrice

Faut-il parler de prémonition ? Sophie s'est interrogée : « Est-ce que je vais aux JMJ ? » Puis elle a décidé d'y aller : « Mais peut-être ne vais-je pas revenir ! Savez-vous qu'à chaque édition des JMJ survient une mort brutale ? Et si c'était moi ? » Il est évident que si Sophie était revenue du Brésil, nous aurions totalement oublié ces paroles. Pourtant, *a posteriori*, elles résonnent et demeurent mystérieuses.

La veille de sa mort, elle a tenu à se confesser. Était-ce un besoin pour elle d'être en paix avec Dieu ? Dans les dernières semaines de sa vie, elle avait confié à une amie : « Si je devais mourir maintenant, je n'aurais rien à regretter, à part la tristesse de ma famille. » Sophie a toujours eu la phobie des voyages en avion. En montant dans celui qui s'envolait vers la Guyane, elle a dit à sa chère amie : « Reste à côté de moi. Si on a un accident, et si quelqu'un doit mourir, je préférerais que ce soit moi. Je ne supporterais pas que toi, tu meures ! »

François

La peur de mourir est bien plus terrible que la mort elle-même. L'une de mes plus grandes consolations fut d'apprendre que Sophie était partie en une demi-heure, inconsciente, sans avoir souffert. Elle partageait mes phobies, notamment celle de mourir dans la douleur.

Mais, pour Sophie, ces peurs étaient moindres que la force de l'espérance. Un jour, elle a parlé de sa foi à une amie en lui précisant : « À notre mort, bah ! on ne mourra pas, parce que Jésus qui est en nous est réellement vivant éternellement ! C'est trop rassurant en fait ! »

Béatrice

Il est saisissant pour nous aussi d'entendre le père Jacques Germaix parler des derniers jours de Sophie. Ce prêtre du diocèse de Paris qui accompagnait le groupe de Saint-Léon fit sa connaissance en Guyane et se lia d'amitié avec elle. Sophie fut sûrement touchée par sa douceur et s'ouvrit à lui sur les divers sujets de sa vie si bien qu'en six jours le père Jacques avait l'impression de bien la connaître. Nous apprîmes par lui que Sophie s'était confessée deux jours avant l'accident. La Providence avait mis sur la route de Sophie cet homme de Dieu qui l'accompagna jusqu'aux derniers instants en lui donnant l'absolution. Depuis, elle place sur notre chemin ce Simon de Cyrène devenu un ami de la famille. Sa présence est une vraie source de paix. Il est allé voir des matches de football avec Matthieu et discute de tennis avec lui. Il est proche aussi de Juliette et participe à tous les moments anniversaires. Ainsi, le 6 mars dernier, lors de la messe pour le vingt-troisième anniversaire de la naissance de Sophie, il eut ces mots : « Sophie avait un cœur limpide, un cœur pur, un cœur simple. »

Juliette

Dans notre fratrie, nous formions deux groupes : les « grandes », c'est-à-dire les filles, et les garçons. Bien sûr, ces alliances n'étaient pas déterminées une fois pour toutes, et Sophie passait beaucoup de temps avec Matthieu. Mais comme nous étions les deux filles, nous étions très liées et complices, d'autant plus que Sophie a toujours vécu à la maison, hormis les quatre mois qu'elle a passés à Londres. Tous les soirs, nous nous retrouvions dans sa chambre pour nous raconter nos journées. Je connaissais quasiment tout d'elle, de sa vie, de ses amis, et elle de moi. Dès qu'elle organisait une soirée, j'en étais. Aussi, j'ai fait moins de découvertes sur elle que mes parents ou Paul. Je pouvais lire au travers de ses actions. Je me souviens d'une anecdote. Dans le métro, elle a remarqué un aveugle. Aussitôt, elle s'est approchée de lui, lui a fait la conversation, l'a aidé à sortir et nous avons même été jusqu'à le raccompagner chez lui. À la suite de cet épisode, je lui ai demandé : « Mais tu fais quoi ? T'es drôle, on dirait Mère Teresa ! » Elle m'a répondu : « C'est normal ! Il faut être cohérent ! » Ainsi, j'ai compris combien ses actes étaient liés à ses convictions. Il est difficile de déterminer quand Sophie a commencé à avoir ce type de comportements. Les parents pensent que cela remonte à son séjour à Londres. Prendre un peu de distance avec le cocon familial l'a aidée à trouver sa personnalité propre. Ce séjour n'a pas été très long, de septembre à décembre 2012, mais a été décisif. Elle a pris confiance en elle et trouvé une certaine aisance dans l'action. Jusqu'alors, elle vivait sa spiritualité de façon plus intime. Cependant, j'ai toujours senti en elle beaucoup de gentillesse et de douceur.

À Londres, elle avait rencontré Clémence, qui est devenue une amie proche. Clémence vit sa foi chrétienne de façon explicite. Elle a emmené Sophie à des conférences sur Mère Teresa et l'a entraîné dans des associations qui œuvraient auprès de SDF. L'investissement de Clémence était total, sans calcul, sans gêne, sans honte, au nom du Christ qui vient au secours des plus démunis. Cela fut une véritable révélation pour Sophie. Dans cette mouvance, Sophie s'est constitué une bande d'amis qui avaient un véritable souci de l'autre. Pour Sophie, l'action était devenue une évidence, un prolongement naturel de sa foi, « je crois donc j'agis ».

À son retour, j'ai bien vu ce qui l'animait, mais je la connaissais assez pour savoir qu'elle avait aussi ses limites et ses défauts. Elle était sans doute un modèle, mais certainement pas une sainte aux vertus accablantes pour les autres. Bien sûr, Sophie me tirait déjà vers le haut – et elle le fait encore aujourd'hui –, mais nous étions réalistes. Quand nous étions petites, Maman trouvait que j'avais une solide carapace et que j'étais capable de dire des choses pas toujours gentilles, ou franchement désagréables, même à l'encontre de ma grande sœur, alors que Sophie en était incapable. Du coup, j'étais parfois perçue comme la « méchante ». Alors que Sophie était inconsolable, elle pleurait toutes les larmes de son corps. Elle ne pouvait concevoir que je puisse dire une chose méchante, tandis que je n'en voyais pas la gravité.

Plus tard la misère, la violence, la méchanceté dans le monde – mais aussi au coin de la rue – pouvaient l'affecter énormément. Elle savait qu'elle ne pouvait pas soulager toute la misère du monde. Elle donnait donc son aide à ce qui était à portée de main. Parfois, elle avait du mal à comprendre le monde qui l'entourait. Même avec ses amis elle pouvait s'étonner de noter chez eux des paroles dures, des gestes peu aimables, des actions « limite ». Elle me confiait son incompréhension et sa tristesse, mais elle n'intervenait pas en gendarme de la morale.

Elle me disait : « Nous avons tout de même beaucoup de chance d'être dans une famille pas trop compliquée, où les liens sont importants, où les échanges sont possibles et où nous avons reçu une éducation qui met l'accent sur ce qui est bon, juste et beau ! » Elle avait conscience que bien des gens vivent dans des milieux nettement plus défavorisés, et que la paix, la confiance et l'amour y sont plus difficiles. Je réalise, moi aussi, le privilège d'évoluer dans un milieu équilibré, mais elle y était plus sensible à cause de son regard tourné vers les manques des autres.

L'esprit de famille impulsé par nos parents nous a façonnés. La famille est la cellule essentielle, rien n'est plus important. C'est pour nous une évidence totale. Grâce aux parents, nous bénéficiions d'un espace de vie, protégé, idéal. Sophie y était aussi pour beaucoup parce que comme aînée, elle n'a jamais remis en question ces valeurs familiales, les a faites siennes avec sincérité et les a propagées en nous.

Les trois semaines de vacances ensemble au mois d'août sont une tradition immuable. Il n'est pas possible d'y déroger, mais cela ne constitue pas une contrainte. Si des amis nous invitent, nous déclinons l'invitation sans hésiter. Il ne nous vient même pas à l'esprit de négocier avec les parents parce que nous avons envie de vacances en famille. Cet été-là, nous sommes partis comme d'habitude. Mais pour la première fois, l'un des nôtres était absent.

François

Sophie témoignait de ce qu'elle vivait. Elle a toujours eu une vie organisée autour de sa foi. Il est vrai qu'elle a effectué sa scolarité dans l'ambiance des écoles catholiques. Pourtant, bien des enfants rejettent ensuite plus ou moins ce qui y a été transmis. La foi et l'engagement ne sont jamais garantis. Sophie, quant à elle, a reçu et accueilli tout cela sans avoir réellement connu de période de rejet. Cependant, à 17 ans, elle est entrée dans un autre univers. Brusquement, elle a été confrontée à des gens qui n'étaient pas de son milieu, qui n'étaient pas croyants, qui avaient d'autres convictions que les siennes ou vivaient une autre religion. D'abord déstabilisée par ce nouvel environnement, elle a poursuivi son chemin et sa foi a continué de croître.

Béatrice

Sophie a beaucoup aimé sa première année d'études supérieures en école d'ingénieur. Elle m'a raconté qu'elle s'est retrouvée avec ses copains de classe au parc de Sceaux et qu'ils se sont installés sur l'herbe pour discuter. Il y avait des musulmans, des juifs, des athées et des chrétiens. Sophie avait éprouvé un véritable plaisir de pouvoir discuter en bonne intelligence. Dans cette école, elle s'est forgé un nouveau groupe d'amis d'horizons différents et cette découverte l'a obligée à se poser des questions importantes. Nous avons discerné sa foi inconditionnelle en la Providence qui la poussait à agir en toute liberté, tout en sachant qu'elle était inspirée par Dieu, un Dieu actif et présent. Les amis de Sophie à Londres nous ont expliqué que pour mieux faire connaissance avec les nouveaux arrivants dans leur groupe d'amis français, ils lançaient régulièrement des débats sur le thème de la Providence de Dieu pour voir comment les uns et les autres réagissaient. Étonnant sujet pour des jeunes entre 20 et 25 ans ! Jean-Eudes, un de ses amis, nous a raconté qu'elle avait exposé ses convictions : Dieu est tout-puissant, omniscient et omnipotent et la foi consiste à lui faire confiance puisque avec lui tout se passera bien. Cette forte affirmation nous a surpris car nous savions Sophie de nature anxieuse. Bien sûr, elle se battait contre ses angoisses, mais cela s'avérait parfois difficile. Savoir que sa foi en la Providence pouvait être plus forte que son inquiétude me procure un profond réconfort. Je pense que cette étape de sa vie l'a aidée à chasser ses craintes sur la vie et la mort.

François

« Ne vous inquiétez pas, elle est au Ciel, elle est auprès de Dieu. » « Là où elle est maintenant, elle est infiniment plus heureuse que tout ce que tu peux imaginer. » Ces paroles d'hommes d'Église peu de temps après l'accident m'ont apporté énormément de réconfort. L'idée de Sophie près de Dieu s'est installée peu à peu en moi et ce fut un énorme soulagement. Ma formation religieuse m'avait appris qu'il existait trois lieux après la mort : l'enfer, le purgatoire et le paradis. Concernant l'enfer, je pense que Dieu œuvre de manière à ce qu'un minimum de personnes y séjourne, car cela doit être une immense peine pour Lui de ne pas pouvoir sauver tous les hommes. Mais que dire du purgatoire ? Je sais que la mention et la notion de purgatoire ne sont pas dans la Bible et qu'il s'agit d'un dogme de l'Église, auquel je crois. Un prêtre, qui avait connu l'expérience de la mort imminente, m'a dit que le purgatoire était comme un hôpital par lequel on passe avant d'arriver au Ciel. La lumière du paradis est si vive que nous ne sommes pas capables de la supporter en tant qu'hommes accablés par tous les maux de la vie. Le schéma dans lequel j'avais été instruit aurait pu m'épouvanter, mais savoir Sophie parfaitement sauvée a effacé toute frayeur.

Matthieu

Sophie et moi étions assez proches. Nous discutions souvent ensemble, avions les rapports normaux entre une grande sœur et son petit frère. Nous avons sept ans d'écart, et, naturellement, nous ne pouvions pas parler de tout. J'ai conscience que Sophie était une belle personne. Je l'admirais parce qu'elle faisait des choses que je ne crois pas être capable de faire. Par exemple, aller à la rencontre de personnes handicapées, trisomiques..., c'est au-delà de mes forces pour l'instant.

Le monde spirituel de Sophie m'échappe un peu. C'est un domaine assez particulier dans lequel j'ai du mal à entrer. Je me pose des questions, mais je ne vais pas plus loin et donc les réponses me paraissent encore plus lointaines. Je sais que je devrais creuser davantage et me renseigner, mais je ne souhaite pas avoir des réponses toutes faites par tel prêtre que j'interrogerais. Je préfère me faire ma propre opinion. Ce n'est peut-être pas très intelligent de ma part, et la vision ou les explications des autres me seraient certainement utiles, mais pour le moment je refuse d'être trop influencé.

4

Revoir Sophie

François

Le corps de Sophie est arrivé à Orly le matin du dimanche 21 juillet et conduit au funérarium où Christian de Cacqueray est intervenu pour le rendre présentable. Christian avait dû batailler pour convaincre les employés du funérarium d'ouvrir leur local. Il nous appelait pour nous dire que nous avions l'autorisation de nous rendre auprès de Sophie dans l'après-midi et de rester deux heures sur place. Au funérarium, tout était enfin prêt pour cela. Mais nous, l'étions-nous ? Sur la route entre Garches, où nous avions déjeuné, et le funérarium, j'ai reçu un appel : « Bonjour. Ici le cardinal Philippe Barbarin… » Je savais que le cardinal Barbarin accompagnait les Français de Lyon aux JMJ et téléphonait donc depuis la Guyane. « Je suis si heureux de pouvoir vous parler. Je voudrais encore vous assurer de toute ma sympathie et vous dire que tous nos jeunes prient pour vous, pour votre famille et pour Sophie. Ayez confiance en Dieu, il est votre meilleur soutien et soyez rassuré, Sophie est à ses côtés. Elle connaît donc le meilleur. Votre souffrance est grande, mais pensez au bonheur qui est le sien ! » C'étaient les paroles dont j'avais besoin avant de revoir Sophie.

Nous nous étions bien entendu interrogés sur l'opportunité de laisser les enfants voir le corps de leur sœur, mais tous nos proches nous avaient assuré que c'était une étape aussi douloureuse qu'indispensable. Nous étions dans un grand état de docilité et les choses se sont ainsi faites.

Au funérarium, nous avons retrouvé ma sœur et mon beau-frère, une sœur de Béatrice et son mari, Mathilde, la sœur de Marie et proche de Juliette, Aliénor, la plus ancienne amie de Sophie, et son père que nous aimons beaucoup et, bien sûr, Christian de Cacqueray. Je ne souhaitais pas être le premier et je ne me souviens plus qui a ouvert la marche. Lorsque je suis entré, avec Béatrice, et que j'ai vu Sophie, morte, j'ai chancelé sur mes jambes et j'ai hurlé comme je l'avais fait au moment où j'avais appris sa mort. Christian me soutenait. De nouveau comme au moment de l'annonce de sa mort, des bras aimants se trouvaient sur mon chemin pour ne pas sombrer. Plus tard, il m'a dit : « J'ai senti là le poids réel de la croix du Christ. Le Seigneur était là avec nous pour porter la souffrance qui vous accablait. » Quelques minutes après, je me suis assis, j'ai repris mon souffle puis je suis ressorti. D'autres sont entrés pour voir Sophie. Comme moi, ils pénétraient dans la pièce du funérarium, restaient quelques minutes puis ressortaient. Nous y sommes tous retournés en y restant un peu plus de temps, avant de ressortir et d'y entrer à nouveau. Nous nous sommes ainsi acclimatés à la vision de Sophie et nous avons pu demeurer de plus longues périodes auprès d'elle. Nous étions désormais tous très calmes. Nous avions apporté différentes choses à déposer dans le cercueil : un tour de cou *L'Équipe* que j'avais trouvé dans sa chambre, une icône, une photographie qui était dans sa chambre, son foulard de brancardière à Lourdes.

Quelques heures plus tôt, j'avais contacté un prêtre de l'Opus Dei que j'avais connu étudiant, et qui est venu prier avec nous. Il n'a cessé de dire que Sophie était belle, mais nous avions un peu de peine à la reconnaître. C'était à la fois elle, et pas tout à fait elle, car coiffée autrement. Il a béni son corps et nous avons récité le chapelet. Comme nous étions un dimanche, ce fut l'occasion de réciter les mystères glorieux, tournés vers le ciel, l'espérance de la résurrection finale et le partage de la vie éternelle avec Sophie.

En quittant les lieux, nous étions tous soulagés. C'était important d'avoir vu Sophie, et, désormais, c'était bel et bien terminé.

Juliette

Ni les garçons ni moi n'avions déjà vu un mort de notre vie. C'est une expérience difficile. Je redoutais que le visage de Sophie soit abîmé, blessé. Quand mon grand-père est décédé, j'étais encore jeune et mes parents avaient préféré que je ne voie pas son corps, que je garde l'image d'un vivant. J'avais peur que s'imprime pour toujours l'image de ma grande sœur morte. Pourquoi s'imposer le souvenir d'un cadavre ? J'avais pu exprimer ma réticence et ma crainte à ma cousine Marie. Je n'avais pas le cœur assez bien accroché pour m'imposer cette vision. Elle m'a répondu : « Tu fais comme tu veux, rien ne t'oblige. Mais c'est tout de même important que tu la voies. Une fois que tu auras dépassé ces peurs, tu constateras que ce n'est pas moche. Souvent, les personnes décédées ont un visage apaisé… » Puis elle m'a expliqué dans le détail comment les choses allaient se passer : salle d'attente, atmosphère, attitude des pompes funèbres… C'était bien d'être ainsi préparée, sinon il y a trop d'inconnues et on s'y perd.

Sur place, les choses se sont passées sereinement. Le personnel du funérarium nous a pris en charge avec leur habitude de gérer des gens bouleversés, craintifs, maladroits, hésitants. Il n'empêche que les trente premières secondes de confrontation avec le corps restent choquantes, et les minutes qui suivent, difficiles. Je voulais voir Sophie, mais ce que je voyais n'était plus Sophie. Un corps est une enveloppe vide. Ses cheveux étaient coiffés et attachés, pas à sa façon. On l'avait maquillée pour qu'elle ait quelques couleurs. Chez les Morinière, nous avons de grandes dents et Sophie, toujours souriante, ne manquait pas de les montrer. Là, elle avait la bouche fermée, ce qui la rendait méconnaissable. Dès le premier regard porté sur elle, j'ai bien vu qu'elle n'était plus là et donc qu'elle ne pouvait qu'être ailleurs.

Un corps vide de vie, posé dans ce cercueil, et c'est l'évidence implacable de la mort. Nous allons rendre hommage à ce corps qui n'est plus qu'une enveloppe dont on se détache vite. Sophie a pris de la distance avec lui, et voilà que nous devons en faire autant. Pendant vingt et un ans, nous avons associé l'âme et le corps de Sophie à Sophie, nous devons maintenant dissocier les deux. Notre foi nous permet de ne pas la perdre totalement puisqu'elle nous a juste devancés, dans un ailleurs où elle habite déjà.

Un prêtre est arrivé et a dit : « Oh ! comme elle est belle ! Comme elle semble en paix ! Vous ne trouvez pas ? » Je ne sais pas s'il était sincère, mais ce corps n'était pas ma sœur, que j'avais envie de décoiffer, pour qu'enfin il lui ressemble.

Non, celle qui était là n'était vraiment plus Sophie. J'étais plutôt rassurée de la savoir ailleurs. Pourtant, je conseillerais à tous ceux qui se retrouvent dans cette situation de voir le corps afin d'avancer résolument. En quittant les lieux, j'avais désormais deux certitudes : Sophie est vraiment morte ; Sophie est vraiment ailleurs.

Paul

Nous y sommes allés en famille.

Papa me tenait la main, sans doute pour me donner du courage, mais c'était lui qui ne se sentait pas bien. Je n'avais plus vu ma sœur depuis le 6 juillet et nous étions le 21. Sophie était décédée dans un accident, là-bas, loin. Je me représentais un peu la chose, mais maintenant, je voyais son corps et l'information devenait une réalité visible.

Et voilà le moment où je la retrouve, sans la retrouver, mais où tout devient réel. Elle est là. Elle est morte. Et je suis apaisé. J'imprime cette réalité qui fait mal, mais qui devait être vérifiée. La voir sans les marques de l'accident me soulage aussi. J'ai pleuré, cependant ce n'étaient pas les mêmes larmes que celles qui ont surgi au moment de l'annonce de l'accident et de la mort. J'ai ressenti un soutien venu d'ailleurs, qui me donnait le courage de la regarder sans être envahi par le désespoir. Je ne me sentais ni perdu ni seul. Je suis sûr que l'on m'avait donné quelque chose venu de très haut. Pourtant, je perdais ma sœur ! Et rapidement, j'ai eu le sentiment qu'il fallait passer à autre chose, vivre avec cette nouvelle donnée, se remettre en route. Je n'étais pas devant la fin d'une histoire, mais devant un commencement. Je me suis surpris à marcher dans la pièce, à faire plusieurs fois le tour du cercueil, avec cette pensée : elle n'est plus là et il existe une autre façon de voir les choses désormais. J'étais serein.

5

Enterrement et prolongements

François

Il fallait préparer la cérémonie d'enterrement. Nous avons fait appel au père Thomas Binot, ancien curé de Garches que nous avions beaucoup apprécié. Ce prêtre, alors curé de Montfermeil, avait un charisme spécial auprès des jeunes et Sophie l'aimait beaucoup. Nous étions accompagnés de l'un de mes meilleurs amis, qui était arrivé de Saint-Étienne avec son épouse et son fils. C'est en famille et avec eux que nous nous sommes penchés sur la préparation de la cérémonie. Comme nous aimons les choses belles, nous partagions le même état d'esprit – même si Matthieu trouvait parfois le temps long. Nous devions témoigner de la vie de Sophie et le père nous conseilla de placer ces témoignages au début, afin de ne pas finir sur des moments émotionnellement chargés. La deuxième partie serait plus liturgique. Chacun devait pouvoir repartir avec une parole d'espérance et non de tristesse. Ainsi la messe fut comme une merveilleuse ascension vers le Ciel. On souhaitait que ce soit un beau moment, et en même temps nous avions hâte que cela soit passé. Béatrice, qui aime organiser et recevoir, endossa le rôle de chef d'orchestre et pensa à tout, y compris à l'après cérémonie, en permettant que nous recevions l'assistance autour d'un buffet, qui s'avéra fort sympathique, car nous avions tous besoin de décompresser après un tel moment d'émotion.

Dès le lundi, le cabinet de Christiane Taubira m'indique que la ministre souhaite nous voir avant l'enterrement. Le jour J, au milieu de l'effervescence, madame la ministre débarque chez nous à 14 h alors qu'une demi-heure plus tard commence la messe d'enterrement. Nous sommes tous passablement tendus, mais ne manquons pas de la remercier. Elle nous dit que nous sommes beaux, que c'est normal qu'elle prenne le temps de passer et je ne sais plus quelles autres gentillesses. Elle ajoute que, venant d'Amazonie, elle perçoit des ondes, ressent des influences positives dans notre maison et autour de nous. Cette petite femme aux grands yeux clairs et aux cheveux tressés nous impressionne, son regard, le ton de sa voix ne me laissent pas indifférent. Nous nous embrassons tous fraternellement et je sens une communion profonde. Quel étonnement ! Une semaine avant, je ne connaissais pas cette femme, aux convictions assez éloignées des miennes, et maintenant elle est devenue la source d'un réconfort, qui ne s'éteindra plus jamais.

Enfin, nous pouvons partir à l'église Saint-Léon. Cette messe va durer deux heures trois quarts ! Paul avait organisé une chorale et à l'orgue officiait un musicien de talent. Tout était beau. Tout était au cordeau. Le cercueil était porté par un cousin, deux amis de Sophie et trois des miens. Étaient présents vingt-deux prêtres dont deux venus de Guyane, et un évêque. Le sermon fut magnifique et eut un effet guérisseur et apaisant. Beaucoup de personnes présentes m'ont confié n'avoir jamais vécu une telle messe d'enterrement. Ce témoignage ne venait pas que des chrétiens, bien au contraire ! Cela a été un merveilleux moment de grâce. J'ai eu cette vision du jeu de dames où l'on dit « faire dame ». Un pion en prend plusieurs en sautant et en arrivant directement là où il peut devenir dame. Un itinéraire rapide et vainqueur. J'ai associé cette image à Sophie faisant des bonds et arrivant directement au paradis. « Faire dame » : « Faire sainte ! » Bien que la douleur soit aussi vive, il y a là quelque chose de rassurant. Car si on n'a pas la foi, comment vivre et supporter pareille épreuve ?

J'ai pensé à cette expérience vécue en montagne. Arrivé à un certain âge, face à une piste noire particulièrement rude, on se dit : mais comment ai-je pu oser descendre ! Ainsi d'un certain nombre de choses dont on se dit aujourd'hui que nous ne serions plus capables d'accomplir. Comment ai-je pu traverser cette épreuve sans perdre la raison ? La réponse est que la grâce de Dieu était là. Il nous donne sa force au fil des épreuves. On a déjà en soi des ressources insoupçonnées et l'épreuve nous donne l'occasion de les découvrir. Mais qui a mis ces ressources en nous ? Elles ne viennent pas de nous qui sommes si vulnérables. Dieu n'est pas surpris par les circonstances qui nous déstabilisent. Il a préparé le nécessaire pour que les événements soient moins brutaux. La présence imprévue du père Jacques Germaix auprès de Sophie en est un exemple.

Le père Germaix est un vieil ami d'un couple dont l'un des enfants est journaliste. Ils se rencontrent régulièrement et lors d'un café, ils en viennent à parler de Sophie. Le journaliste est assez sensibilisé pour écrire un article qui touche des milliers de lecteurs, donne un nouvel écho au témoignage de Sophie. Dieu est un surprenant scénariste. Il anticipe, comme au jeu d'échecs, de nombreux coups d'avance. Comme le petit Poucet, il place des pierres pour marquer le chemin à suivre. Mais prenons garde aussi à ne pas voir des pierres là où il n'y en a pas, à laisser notre imagination prendre le dessus. Cependant, Dieu nous parle et nous n'entendons pas souvent ce qu'il dit ni ne voyons ce qu'il montre au travers de ces « hasards » qui font si bien les choses. Des signes sont mis sur notre route, mais nous les ignorons souvent, nous passons à côté sans les voir. Comme les disciples d'Emmaüs, nous ne Le reconnaissons pas.

Ce qui a particulièrement frappé les personnes non croyantes, c'est la beauté de la jeunesse rassemblée à la messe d'enterrement. En général, lors d'un enterrement, il y a peu de jeunes dans l'assistance. Or là, on pouvait compter pas moins de trois ou quatre cents jeunes qui chantaient avec foi. On a évoqué devant moi « l'apothéose des saints ». Dans la mythologie, l'apothéose est le passage des âmes dans les limbes. L'Église a repris ce terme pour le moment où l'on perçoit une communion entre le défunt et l'éternité. Cette perfection redescend ensuite, telle une bénédiction spéciale, sur les assistants. Je ne savais rien de cela. Sur la route qui nous conduisait au cimetière, j'étais toujours dans un état proche de l'extase. Je flottais. Soudain, je me suis mis à parler à Sophie : « Sophie ! Tu te rends compte de ce qui vient de se passer ? Tu as provoqué un truc de fou ! »

Arrivés au cimetière de Montparnasse, le ciel se couvre. Il n'y a là que la famille et les amis les plus proches. Nous sommes dans un océan de fleurs, mais le vent se lève ! Dès que le cercueil est mis en terre, il se met à pleuvoir avec une force inouïe : une vraie pluie tropicale. Forte, subite, localisée. Pendant ce temps, à Saint-Léon où nous attend le reste de l'assemblée, il ne tombe pas une seule goutte. J'ai eu l'impression qu'un peu de Guyane s'était invitée avec cette pluie chaude. À mes côtés, un cher ami de confession juive me souffle : « C'est le ciel qui pleure avec nous ! » Nous retournons à Saint-Léon où une foule nous attend encore. Nous sommes peut-être quatre cents autour du buffet.

Béatrice

Dans la cour de Saint-Léon, nous avons vu arriver des amis étudiants de Sophie. Après avoir écouté les témoignages de la cérémonie et participé à la messe, ils venaient nous dire : « Voilà ! Nous savons maintenant pourquoi Sophie était comme elle était ! »

Sophie ne disait pas être catholique, croyante. Sa foi lui donnait gaieté, joie de vivre, goût des autres. Et ses amis avaient vu la lumière, senti la chaleur, mais n'avaient pas vu l'origine du feu.

François

J'avais souvent fait ce songe mystérieux. Je participe, ou je semble participer à une messe avec énormément de monde. Une messe différente des autres. Une messe pour un mort. J'avais essayé d'interpréter ces images. Était-ce ma propre messe d'enterrement ? En tout cas, c'étaient de belles funérailles. Oui, j'ai longtemps pensé que cette messe était la mienne, cela me rassurait. Comment imaginer que cette cérémonie concernerait un de mes enfants ? Lorsque nous fûmes au cœur de l'enterrement de Sophie, avec toute cette foule, et cette messe si belle, me sont revenues les images de cet étrange rêve. J'aurais voulu serrer chaque personne dans mes bras pour dire merci. Je me souviens de regards croisés d'une profondeur exceptionnelle, d'une main touchée en descendant dans la nef pour partir au cimetière, une main brûlante d'amour et de compassion.

Béatrice

Je me souviens bien de la première messe à laquelle j'ai assisté cinq jours après la naissance de Sophie, qui était dans son landau. Mystérieusement, alors que je priais pour remercier Dieu de m'avoir donné un bébé en bonne santé, j'ai perçu comme une voix : « Cette enfant sera une sainte ! » Intuition ? Songe ? En voyant grandir Sophie, et à l'instar de Marie qui « gardait ces choses dans son cœur », je me disais : « Mais que signifie "sainte" ? » Pour moi, c'était un synonyme de modèle, ou d'idéal. La vie de Sophie qui fut remplie d'une grande bonté m'avait donné un début d'explication, mais ce que je comprends depuis sa mort m'éclaire encore bien davantage.

François

Un sentiment quelque peu schizophrène m'habite : je suis meurtri par la douleur, et, en même temps, Sophie reste présente par son empreinte, qui agit vraiment. Je me dis : « Elle est toujours à l'œuvre, et j'en sens les effets. » Son absence devient donc moins douloureuse. Son amour pour nous est toujours palpable.

Son propos « Je n'aurai aucun regret de quitter ce monde maintenant, sauf celui de faire de la peine à ma famille » m'a frappé au cœur. J'imagine son dialogue intérieur avec Dieu, sa résistance à partir et à faire souffrir les siens. J'imagine encore Dieu lui montrant qu'au-delà de son bonheur et de la vie éternelle s'ouvre pour elle une possibilité d'action encore meilleure pour ceux qu'elle aime. Sa crainte de nous peiner a dû être effacée par quelque chose de plus grand. Je ne peux pas croire que ce passage de vie à mort ne soit que porteur de chagrin. J'ai parfois entendu, ou lu, le témoignage de personnes qui ont été, un temps, entre la vie et la mort. Ils parlent de grande lumière blanche et d'un choix offert : partir ou rester. Je ne sais pas s'il en a été ainsi pour Sophie et si, entre deux mondes, elle a eu le choix. Mais si elle a consenti au départ, c'est qu'elle a vu qu'elle laissait derrière elle un témoignage suffisant pour que tous soient consolés. Il faut naturellement être circonspect dans pareille affaire, mais il semble que Sophie parle plus et mieux, touche davantage depuis le Ciel que de son vivant sur terre. Est-ce une illusion de penser qu'elle continue à m'aider et à vivre aujourd'hui ?

Elle savait que, depuis Jean-Paul II, j'ai une grande admiration, voire une dévotion pour le pape. Cette admiration s'est poursuivie avec Benoît XVI puis avec François. Or, grâce à elle, toute la famille a pu rencontrer le pape François. C'est pour moi un signe et une consolation. J'ai l'impression qu'elle me dit : « Laissez-vous faire par la bienveillance et la providence de Dieu. Ne vous laissez pas submerger par la douleur. » Ma rencontre avec le pape a été un cadeau de Sophie, par l'entremise amicale et efficace de Mgr Barbarin. Un pareil moment, émouvant, est un plein d'amour et d'énergie, d'espérance. Je sens que nous avançons sur un chemin ascendant. Il faut reconnaître que nous sommes partis d'un niveau fort bas. Il arrive que nous soyons comme saisis et portés à un niveau supérieur en des lieux bienfaisants.

Béatrice

Ma nièce, Marie, ressemble à Sophie. Elle est plus âgée, mariée et a deux enfants.

Trois mois après la mort de Sophie, elle m'a confié avoir eu comme un dialogue intérieur avec ma fille pendant la messe d'enterrement. Sophie lui disait : « Je te demande d'être désormais la grande sœur de Juliette. » Marie s'en est défendue, arguant que Sophie serait pour toujours la grande sœur de Juliette et qu'elle n'avait pas le droit de prendre sa place.

« Tu seras sa grande sœur sur terre, et moi au Ciel. »

Bien sûr, cet échange est étrange, du domaine de l'irrationnel, intérieur. Marie n'a pas entendu de voix, elle n'est pas le moins du monde illuminée, c'est une jeune femme qui a les pieds sur terre.

De son côté, François assure qu'il a parfois des échanges avec Sophie. Je ne peux tout mettre en doute, même si je n'ai pas ce type d'expérience.

Marie a pris ce rôle à cœur. Juliette a toujours beaucoup écouté sa sœur aînée et lui a souvent demandé conseil. Depuis l'absence de Sophie, Juliette sollicite souvent les conseils de Marie, y compris pour son orientation dans les études.

Une autre anecdote me vient à l'esprit. L'épouse d'un ancien collègue de François m'a raconté avoir entendu Sophie lui souffler pendant la messe d'enterrement : « Ne baisse pas les bras. » Son mari a mystérieusement entendu la même chose, alors qu'ils sont confrontés à des moments éprouvants dans leur vie de famille. Pour moi, Sophie continue à faire du bien, comme au long de sa courte vie.

François

Le jeudi 25 juillet, lendemain de l'enterrement de Sophie, est une journée de décompression et de retour sur terre. Le soir, vers 23 heures, je lis allongé dans mon lit quand soudain je reçois un texto, puis deux de Rio. On m'annonce que le pape François, qui prononce le discours inaugural des JMJ sur la plage de Copacabana, a demandé à l'instant de prier « pour Sophie Morinière ». Je n'y crois pas. Ils ont probablement mal compris, pris par l'émotion. J'allume la télévision pour regarder KTO et je vois le pape effectivement en plein discours. D'autres personnes envoient des messages de France en disant qu'ils viennent également d'entendre le pape parler de Sophie.

Un peu plus tard, il est enfin possible de voir en *replay* le début de la cérémonie et, avec une intense émotion, je réalise que tout cela est vrai. Le Saint-Père a demandé aux millions de jeunes, et aux centaines de millions de téléspectateurs, de prier pour ma fille chérie. Pour avoir souvent assisté à des rencontres ou des messes avec le pape, je sais qu'il est extrêmement rare que quelqu'un soit ainsi cité nommément. Toute la famille est sous le coup de l'émotion, de la fierté, de la joie reconnaissante, devant la sollicitude de l'Église à travers son premier pasteur, et nous nous endormons sur ce sentiment apaisé.

Quelques semaines après, je pose la question à Mgr Lafont pour savoir s'il en est l'instigateur. « Pas du tout ! Il y avait des centaines d'évêques brésiliens autour du pape. Impossible pour moi de l'approcher. Cette phrase est de sa propre initiative. »

Entre-temps, BFM reprend l'information en boucle dans son journal permanent et dans le bandeau déroulant : « À Copacabana, le pape demande une minute de silence pour la jeune Française décédée en Guyane. » Tout à coup, je réalise que la mort de Sophie a pris une dimension qui nous dépasse, qui touche des milliers de personnes dans le monde entier. Cela ne me gêne pas, même si je suis un peu dépassé par les événements. Je suis même heureux que notre deuil soit partagé avec tant d'autres, et apaisé car les prières pour ma fille et pour nous sont une aide puissante. Sophie doit être propulsée encore plus haut auprès de Dieu, et elle doit diffuser ces grâces de la prière à beaucoup par la communion des saints. Mais je n'imagine pas encore toutes les répercussions que cela aura.

Pourquoi le pape a-t-il prononcé son nom ? Est-il touché à titre personnel, ayant perdu une brebis sur la route des JMJ ? Mon amour filial pour lui et ma reconnaissance envahissent mon cœur. Est-ce un nouveau signe que Sophie agit au Ciel pour nous envoyer aide et réconfort ? Certainement. Je n'en ai aucun doute. J'ai déjà dans la tête qu'un jour, d'une façon ou d'une autre, je remercierai le pape.

6

Se retrouver

Matthieu

En moi se bousculent des réactions contradictoires. Je n'ai pas trop envie de parler de Sophie, de l'accident, de l'après-accident... Je voudrais plutôt que nous tournions la page. Je n'ai pas l'impression que le fait de garder Sophie continuellement dans nos conversations soit sain. Nous avons assez pleuré ! Il me semble que ce serait mieux de ne plus en parler ; sa disparition est une chose profondément triste, mais elle est passée. Pour moi, évoquer trop souvent Sophie est douloureux. J'ai l'impression que nous restons bloqués au même stade alors que, personnellement, je voudrais avancer. Bien sûr, il arrive que j'en parle avec mes meilleurs amis, mais cela reste rare. À la maison, même quand on n'en parle pas, des allusions fusent régulièrement. On dirait que Sophie plane toujours dans les pièces où nous sommes. Ce n'est pas nécessairement désagréable, mais cela peut devenir obsédant. Quand je me demande si elle ne prend pas trop de place, ma réponse est « non ». Elle est si présente pour papa et maman, je pense que c'est une bonne chose pour eux. Pour moi, évoquer trop souvent Sophie est douloureux. Deux jours après le décès, je me suis demandé si j'allais un jour retrouver mes parents comme avant ; allaient-ils garder cette ombre de douleur sur leur visage, allaient-ils être assez solides pour surmonter l'épreuve et me revenir ? J'avais trop peur qu'ils demeurent tristes, que la vie à la maison soit désormais morne et sombre.

Heureusement, même si tout n'est pas comme avant – comment cela serait-il possible ? –, les choses sont moins pesantes. Et cela n'a pas pris trop de temps. Je savais, quant à moi, que je serais capable d'aller de l'avant au bout de trois ou quatre mois. Mais j'avais peur pour mes parents. Je craignais, par exemple, qu'ils ne nous laissent plus voyager seuls. Mais en fait, ils n'ont pas changé leur attitude vis-à-vis de nous.

Les comportements souvent exemplaires de Sophie augmentent peut-être le niveau d'exigence morale de Paul et de Juliette, pas le mien. Je ne ressens pas le besoin d'être à sa hauteur. Je peux m'inspirer d'elle sans chercher à lui ressembler. Je ressens son absence. Quand je vis quelque chose d'agréable, je me dis : « Ah, dommage ! J'aurais aimé partager ce moment avec elle ! » Bien sûr, je suis triste, mais je me dis que c'est comme ça !

Si un ami aujourd'hui venait à perdre un être proche, j'aurais des mots pour le consoler, parce que je suis passé par là et que j'ai bénéficié de la présence réconfortante des personnes qui m'entouraient. Peut-être aurai-je à chercher certains mots parce que je ne sais pas encore exprimer totalement ma pensée, mais je crois pouvoir apporter un soutien. En tout cas, ma présence serait une marque d'affection et une tentative de consolation.

François

J'ai été directeur de *L'Équipe* durant six ans. Durant cette période, j'ai tissé des liens, professionnels puis amicaux, avec la ministre des Sports, Valérie Fourneyron, ainsi qu'avec Denis Masseglia, président du Comité national olympique et sportif français, qui ont, tous deux, perdu un enfant dans des circonstances dramatiques et vécu ces drames avec beaucoup de pudeur. L'accident de Sophie a délié les langues et nous avons ainsi eu l'occasion d'échanger et de partager sur ce sujet douloureux et intime. Travailler pour un tel quotidien, c'est passionnant, exaltant mais éreintant. Fin 2012, début 2013, je commence à penser à changer de travail, sans que tout soit bien clair dans ma tête, mais, depuis l'accident de Sophie, mes réflexions sur l'évolution de ma vie professionnelle sont mises en veille, je ne cherche plus qu'à faire au mieux mon travail quotidien. J'en profite pour dire que le soutien de mes proches collègues fut formidable, et que je ne l'oublierai jamais. Pendant ces jours sombres, *L'Équipe* devint une deuxième famille pour moi.

Au printemps 2014, les choses ont commencé à bouger et j'ai entamé quelques démarches, suffisantes pour me dire que je devais voguer vers de nouveaux horizons, pour construire du neuf. Des portes se sont ouvertes et j'ai commencé un nouveau travail dans un secteur économique différent, dans une belle entreprise familiale où je me sens accueilli avec bienveillance. Les dirigeants connaissent le drame que j'ai vécu, et je les sens profondément désireux de m'aider, avec beaucoup de tact et de pudeur.

J'ai souvent partagé cette décision concernant ma vie professionnelle avec Sophie dans mon cœur. Je me souviens même d'un jour d'été où j'étais sur sa tombe, justement pour lui demander son conseil. Me revint à l'esprit sa joie quand je lui avais annoncé en août 2008 mon arrivée à *L'Équipe*. « Un truc de ouf, trop stylé ! » avait-elle crié de joie. Cette fois-ci, elle est dans la confidence et je sens qu'elle me dit de foncer, d'y aller, de ne pas avoir peur quand je l'interroge pour savoir si je serai capable de le faire. Est-elle à l'œuvre ? Sûrement.

Je suis quelqu'un de sensible, parfois trop émotif. C'est une caractéristique de ma personnalité. La mort de ma fille a été une déflagration dont j'ai été profondément affecté. Comme je suis plutôt extraverti, les effets ont été visibles, et j'ai connu un état de délabrement qui ne pouvait être que flagrant pour autrui. Un rapport particulier existait entre Sophie et moi, parce qu'elle était l'aînée, et que c'était une fille. Les liens avec mes enfants sont vraiment très forts, et il n'y avait pas une relation exclusive entre elle et moi, car en amour le cœur ne se divise pas, il se dilate. Cependant, Sophie et moi partagions une grande connivence, étions souvent au même diapason, y compris dans la sensibilité et dans les phobies que nous partagions. Je reconnais que j'ai beaucoup couvé Sophie, sans doute parce que je devinais ses faiblesses. L'extraverti que je suis voyait aussi le risque de ses trop grands enthousiasmes et de sa volubilité.

Mes liens avec Sophie étaient des liens d'amour et de tendresse. Je ressentais pour elle une grande affection protectrice. Je suis grand et costaud, mais fragile parfois par ma sensibilité ; elle était grande et fragile aussi. Ce contraste inattendu est difficile à vivre. Avec le temps, je me suis un peu endurci, mais je me souviens que Sophie, petite, saignant à cause d'un bobo, me faisait perdre tous mes moyens. À chaque fois que je suis devant une atteinte à l'intégrité physique d'un de mes enfants, même bénigne, je ne parviens plus à me maîtriser.

Sophie avait les mêmes peurs et elle cherchait le moyen de les surmonter. Aller aux JMJ de Rio était pour elle une épreuve : partir, prendre l'avion, être loin de sa famille... Pour surmonter ses phobies, elle préparait avec une incroyable minutie sa trousse de premiers soins, les médicaments dont elle pouvait avoir besoin afin de faire face à tout incident. Mesurant ses faiblesses et ses lacunes, elle se rassurait en anticipant chaque événement possible. Elle était dans ce combat et développait des capacités pour dépasser ses peurs. Quand je pense que le parrain de Paul, un excellent ami, l'avait entraînée à 17 ans comme accompagnatrice de personnes handicapées pour Lourdes, alors qu'elle avait ces faiblesses ! Sophie était prête à relever de sérieux défis pour sortir de ses craintes, elle manifestait du courage, et le faisait d'autant plus que cela avait un rapport avec Dieu. La perspective d'un service rendu comme preuve de l'amour de Dieu lui donnait la force de se dépasser. Et certainement le Seigneur lui accordait les aides dont elle avait besoin. Voilà pourquoi et comment elle avançait.

Paul

J'ai 19 ans et je suis étudiant en classe préparatoire, interne comme tous les garçons de ma classe. Nous nous entendons bien et nous nous soutenons mutuellement. Cela a été important pour vivre mon deuil, parce que j'en ai parlé avec certains amis, davantage avec eux peut-être qu'avec mes parents.

Au début pourtant, les parents parlaient de Sophie presque comme si elle était toujours vivante, l'incorporant dans les conversations. Cela m'a souvent mis mal à l'aise. Un jour, j'ai exprimé ce malaise, disant qu'on ne pouvait plus parler d'elle comme si elle allait rentrer le soir même. Mes parents discutent souvent de Sophie avec leurs amis, en fonction de ce qu'ils découvrent de l'impact qu'elle avait et qu'elle a encore. Nous avons chacun notre espace. Y compris au niveau de la foi ! Même si nous allons volontiers à la messe en famille, nous vivons chacun notre spiritualité de façon intime. Pour moi, la foi est une affaire individuelle. Mon cheminement est certainement plus personnel encore depuis la mort de Sophie. Je réfléchis beaucoup. Mes réflexions avancent en discutant avec des prêtres, des amis... À l'enterrement, pas mal de gens avaient tendance à dire que la mort de Sophie n'avait pas de sens. Cette affirmation brutale, j'ai décidé d'en prendre le contre-pied : si la mort n'a pas de sens, la vie n'en a pas davantage. Ce raisonnement ne me rendait pas vraiment malheureux parce qu'il restait abstrait. Il n'empêche que cela avait tendance à me rendre amorphe.

Si je pensais que la vie n'avait pas de sens, c'est parce que je ne voyais pas l'action de Dieu sur terre. La foi, c'est bien joli, mais c'est tout de même bien trop abstrait. J'étais dans le noir. Puis je me suis dit que si je voulais voir l'action de Dieu, il fallait que je me mette à son écoute. J'ai décidé de sortir un peu de moi-même, de m'ouvrir aux autres et à ce qui se passe autour de moi.

Ainsi j'ai commencé à apercevoir plein de petits signes sur mon chemin. Il me fallait les remarquer et apprendre à les lire. Cela m'a aidé à discerner l'espérance qui fait vivre, et m'a permis de voir autrement le décès de Sophie. J'ai ouvert les yeux sur le monde, sur ce qui est essentiel.

Depuis un an et demi, je suis convaincu que Sophie est auprès de Dieu et j'ai vu comment ma vie en est désormais enrichie, je ne peux qu'aimer et vivre de cette espérance. Ma vie est ensoleillée depuis cette certitude. J'ai vraiment l'impression que je peux voir l'action de Dieu dans ma vie.

J'ai toujours aimé la musique. Cette année, je ne chante plus dans une chorale, mais j'anime régulièrement la messe. La prière m'est un exercice difficile car j'ai du mal à construire mes phrases. Pour m'adresser à Dieu, le chant est donc essentiel. Je choisis les chants et les cantiques en fonction de leurs paroles, et c'est ainsi que je m'exprime, que je dis ma foi, mon attente, mon espérance. Je passe du temps à méditer ces paroles qui viennent d'autres, mais que je peux m'approprier.

Sophie était une personne d'exception. La place qu'elle prend maintenant est justifiée. C'est d'ailleurs la place qu'elle prenait avant. Sophie parlait beaucoup et elle continue, dans une certaine mesure, à s'exprimer. La vie qu'elle a menée est une vie bien remplie qui donnait un sens profond aux réalités quotidiennes.

Je n'avais que 12 ou 13 ans quand elle a commencé à s'engager dans des mouvements caritatifs et je ne pouvais pas comprendre ce que cela impliquait. Jusqu'à sa mort, je n'avais pas pris la mesure de son action, de sa charité.

Depuis son départ nous parviennent les échos de ses actes. J'en reste stupéfait, agréablement subjugué. Derrière chaque mot qu'elle prononçait, derrière chaque geste qu'elle faisait transpiraient de la bonté, de la gentillesse, de la sympathie. Et tout cela lui était inspiré par son amour de Dieu et du prochain. Je l'ai découvert un peu tard, mais c'est désormais une évidence. Le choc pour moi a été de constater ce que nous avions perdu avec son décès. Aujourd'hui, plus j'avance, plus je comprends qu'elle incarnait l'idéal qui était le sien à 21 ans.

En moi, ce même idéal me pousse à m'interroger : dans telle ou telle situation, que ferait Sophie ? En ce sens, il est clair que son exemple m'inspire. Je regrette de ne pas m'en être mieux rendu compte de son vivant.

Sainte Thérèse de Lisieux a dit : « J'ai choisi l'amour du Seigneur en chaque chose ordinaire et je mettrai tant de cœur à les rendre extraordinaires. » Cette devise correspond à l'engagement de Sophie au quotidien. Elle mettait une petite goutte d'huile là où il fallait : une parole aimable, un geste concret et bon. À sa façon, elle nous disait : les missions que vous inspire l'Évangile, ce ne sont pas de grands discours, ce sont des actions concrètes. Sophie n'était pas une théologienne, mais une praticienne de la foi. Elle savait ce qu'il fallait faire pour montrer et démontrer la foi. Elle s'est ainsi occupée de pèlerins à Lourdes, d'enfants handicapés…

La leçon que j'en tire, c'est que la sainteté, c'est « faisable ». Quand on lit la Bible ou l'histoire de ceux que l'Église a déclarés saints, on pense que cela s'est passé il y a longtemps, que c'est difficile, que ça nous dépasse. Or, j'ai vu au travers de Sophie que cela est accessible à chacun. J'ai vécu auprès d'une personne – qui se trouvait être ma grande sœur – qui a fait de grandes choses alors qu'elle était une personne tout à fait ordinaire. Cela m'a démontré que nous pouvions tous en faire autant, avec un peu de bonne volonté et sans doute beaucoup de persévérance dans la foi.

Peut-être nous manque-t-il ce qui l'inspirait et la motivait : sa foi et sa spiritualité. Il est donc possible aujourd'hui de vivre une vie droite, juste et bonne avec Dieu. Dans la Bible, on nous invite à sanctifier notre vie, à être lumière pour le monde. Je pensais que c'était un idéal fantasmé, mais je sais maintenant que c'est à portée de main. Je l'ai découvert après coup, en observant ce qu'avait été la vie de Sophie, une vie modeste, discrète.

Il s'agit d'aimer et de vivre avec simplicité et franchise. Cela fait la différence dans ce monde tordu et compliqué. Cela m'est une source d'espérance et de confiance, en moi et dans la vie. Nombre de questions sont cependant venues : Pourquoi fallait-il que Sophie meure maintenant ? Pourquoi elle, alors qu'elle montrait la voie à suivre ? Pourquoi pas quelqu'un d'autre ? Puis est venue cette autre question : si sa mort n'a pas de sens, pourquoi la vie en aurait un ? Je vivais, renouant avec le quotidien, les habitudes, les contraintes et les circonstances ; puis, de temps en temps, un arrêt sur image et la question qui resurgit : à quoi ça sert ?

J'ai compris que la vie se joue à tout instant, que nous devons y être *présents*. Oui, c'est cela, répondre présent. Cette découverte – somme toute banale – m'a poussé à m'ouvrir aux autres.

Le départ de Sophie a suscité une autre question : et pourquoi pas moi ? Les membres de ma famille seraient sans doute tristes, mais moi, ai-je su profiter de mes parents, de mes sœurs, de mon frère, de mes cousins, de mes amis ? Les relations et le partage sont finalement les choses qui me font vivre et qui me rendent heureux. Il me faut donc rendre heureux ceux qui me donnent de l'être.

Que se passerait-il si je mourais ? Mes amis seraient-ils tristes ? Est-ce que je manquerais à quelqu'un ? Est-ce que le monde manquerait de quelque chose ?

Sans Sophie, il manque en tout cas quelqu'un au sein de la famille, oncles, tantes, cousins. Jusque-là, nous nous voyions une fois par an, c'était « la famille ». Aujourd'hui, nous sommes devenus les uns les autres beaucoup plus proches. Nous nous voyons plus souvent et revoir chacun me rend heureux. Je veux savourer ces moments et ce n'est pas si compliqué de donner et de recevoir du bonheur de cette façon-là avec ses proches.

François

Il fallait retrouver le cours des réalités quotidiennes, quitter l'état d'apesanteur dans lequel la mort nous avait plongés. Le cœur et le cerveau étaient tellement touchés qu'on ne savait plus ce qui était vrai et ce qui ne l'était pas.

Nous vivons des choses si troublantes que nous nous demandons parfois si nous ne sommes pas un peu illuminés. Pourtant cela ne nous ressemble pas ! Le souvenir de Sophie, son empreinte, sa présence demeurent tellement palpables que nous les ressentons. Tout cela dépasse notre compréhension et notre entendement.

Notre foi permet de rendre tout cela cohérent et moins incongru qu'on ne le pense.

Juliette

Physiquement, je suis celle qui ressemble désormais le plus à Sophie. Pour les parents, je suis maintenant la seule fille ; pour mes frères, la grande sœur. Je n'étais ni le double, ni l'ombre de Sophie, mais je me suis retrouvée propulsée à une nouvelle place dans la fratrie. Inconsciemment, j'ai pris quelques traits, et peut-être un peu du rôle de Sophie. Il m'est arrivé de consoler tel ou tel. Ce n'est pas une place que j'ai décidé d'occuper, mais les choses se sont faites naturellement. Je suis devenue l'aînée. Comme j'ai la même voix que Sophie, quand les parents m'entendaient sans me voir – ou les garçons –, leur première réaction était de penser : Sophie est là ! Les circonstances de mes études m'amènent à être plus présente à la maison. Un peu comme l'était Sophie lors de sa dernière année à la maison. Je me suis mise à faire ce qu'elle faisait. Parfois la cuisine, parfois une course.

À table, je suis plutôt bavarde et, sans la concurrence de ma sœur, j'ai tendance à monopoliser la parole. Je ne me suis pas demandé si j'avais enfin de la place dans cette famille où Sophie, finalement, en prenait beaucoup. Lorsque l'on est quatre, chacun occupe un quart de l'espace. Quand on n'est plus que trois, l'espace devient un tiers pour chacun. J'ai sans doute occupé mon tiers plus vite que les garçons. Je ne pouvais plus désormais compter sur ma sœur ni me cacher derrière elle. Sophie ne m'écrasait pas, mais sa forte présence me permettait de me complaire dans son ombre. C'était souvent plus confortable que frustrant.

L'après-midi de sa mort, je me suis demandé : « Mais comment vais-je faire sans elle ? » C'était si facile de ne pas faire de choix et de suivre simplement ses conseils. J'étais incapable jusque-là de décider toute seule. Elle décidait parfois pour moi parce que je ne voulais pas le faire toute seule ; parce que j'avais davantage confiance en elle qu'en moi ! C'est vraiment réconfortant et pratique d'avoir un grand frère ou une grande sœur. Le devenir brusquement à 19 ans, ce n'est pas simple ! J'ai encore tendance à me tourner vers elle pour chercher ses encouragements. À la fois, elle n'est plus là, à la fois j'ai l'impression qu'elle est omnisciente, omniprésente. Je sais où elle est. Je sais qu'elle me voit. Je sais qu'elle a désormais plus de recul que moi. Et j'ai envie de l'interpeller : « Dis-moi ? Montre-moi ! »

J'ai confié à une amie ma difficulté à devoir choisir seule. Elle m'a dit : « Non, mais tu rigoles ! Les conseils de Sophie sont même meilleurs maintenant ! Avant, elle te donnait un avis à la hauteur de ses connaissances, terre à terre. Désormais, de là où elle est, elle donne un avis ciel à terre ! » Vrai ou pas, je suis moins anxieuse ; de toute manière, elle veille sur moi et vérifie tout ce qui se passe. Elle est ma meilleure source d'inspiration. Paul peut se demander parfois : « Que ferait Sophie à ma place ? » Moi, j'ai plutôt tendance à dire : « Toi qui es là-haut, dis-moi ce que tu en penses ! »

La foi de Sophie et ses engagements, au nom de l'amour chrétien, me dépassaient un peu. Elle présentait les choses comme une évidence, et cela me paraissait beaucoup trop parfait, sans faille ni faiblesse. Du coup, elle pouvait indirectement exercer sur nous une certaine pression. Par exemple, elle pouvait proposer qu'on l'accompagne. On répondait : « J'ai pas trop envie et je suis fatiguée ! » Elle sursautait presque : « Ah bon ! » et du coup, on surmontait sa fatigue et sa paresse et on la suivait.

Si jamais elle avait des doutes – je pense qu'elle en avait sûrement parfois –, elle continuait à aller de l'avant. Si un ami se refroidissait dans sa foi et lui confiait : « Je n'ai plus envie d'aller à la messe ! J'ai perdu le contact avec Dieu ! » elle était capable de lui dire : « Tu ne peux pas abandonner. C'est une priorité ! » Si on lui disait : « Je n'ai pas le temps de m'investir dans telle ou telle association, j'ai trop de boulot ! » elle remettait les pendules à l'heure et demandait si le boulot était une finalité, une priorité, l'essentiel ! En même temps, elle n'avait pas que cela à la bouche. Mais c'est sûr qu'à la maison, c'est elle qui parlait le plus de la foi et de Dieu.

Quand elle est décédée sur la route de son idéal, alors qu'elle allait fêter avec d'autres jeunes le Christ, j'aurais pu trouver tout cela extrêmement injuste et même en vouloir à ce Dieu qui, *a priori*, n'avait pas pris soin d'elle. Mais, en fait, j'ai juste été écrasée par une pure tristesse. Je n'avais pas, et je n'avais plus d'énergie pour trouver un coupable et me révolter. Étrangement, dans les jours et les semaines qui ont suivi, j'ai plutôt connu un élan dans la foi qu'une rébellion. Les certitudes qui étaient les siennes étaient si grandes qu'elles nous empêchaient d'émettre des doutes. Sa joie était la foi et son dernier enthousiasme était de vivre les JMJ. Pouvions-nous ternir tout cela en refusant de lui emboîter le pas ?

Ce qui est assez fascinant, c'est que dans la famille, dans l'entourage, parmi ses amis qui ne sont pas tous chrétiens, personne – il me semble – n'a mis en doute la foi de Sophie. Son engagement et toute sa vie nous obligent à respecter ses choix. Et plutôt que d'émettre des critiques du style : « Si Dieu existait vraiment, il aurait empêché cet accident ! », on observe au contraire que ce qui animait Sophie suscite l'intérêt. Beaucoup sont entrés dans un affermissement de leur foi depuis la mort de Sophie.

J'aime cette prière du père Sertillanges :

> Par la mort, la famille ne se détruit pas, elle se transforme, une part d'elle va dans l'invisible. On croit que la mort est une absence, quand elle est une présence discrète. On croit qu'elle crée une infinie distance, alors qu'elle supprime toute distance, en ramenant à l'esprit ce qui se localisait dans la chair. [...]

> Plus il y a d'êtres qui ont quitté le foyer, plus les survivants ont d'attaches célestes. Le ciel n'est plus alors uniquement peuplé d'anges, de saints connus ou inconnus et du Dieu mystérieux. Il devient familier, c'est la maison de famille, la maison en son étage supérieur, si je puis dire, et, du haut en bas, le souvenir, les secours, les appels se répondent.

J'ai le sentiment que le ciel m'est plus proche parce qu'une personne proche y est. J'ai un nouveau lien privilégié avec le Ciel, avec l'au-delà. M'est-il plus accessible ? Je n'en sais rien, mais il me semble plus familier : une partie de nous y est déjà. Je sais que Sophie est proche de Dieu, et nous, nous sommes proches de Sophie ; donc Dieu est nettement moins lointain.

Son témoignage, d'une façon extraordinaire et incompréhensible, ne s'arrête pas au jour de l'accident. Pourquoi son exemple d'hier stimule-t-il des gens aujourd'hui ? Et parfois même des gens qui ne la connaissaient pas ? C'est là un mystère qui ne peut que me surprendre et m'émouvoir. Une personne a été déterminante pour moi après la mort de Sophie : Marie, l'aînée de mes cousines. Nous, les enfants, nous étions plutôt proches des cousins plus jeunes. Au moment du drame, il me fallait parler avec quelqu'un de mon entourage et de plus mûr. Le 17 juillet, j'ai pensé à Marie qui était encore à Paris en plein été. C'était une bonne idée parce que son expérience m'a été précieuse. Je l'ai dit, elle m'a préparé à l'épreuve du funérarium. Marie a su beaucoup me faire parler, verbaliser ce qui était tellement nouveau pour moi. Nous n'étions jusque-là pas si proches l'une de l'autre, mais elle s'est révélée être la meilleure des coachs.

Avec les autres cousins, les relations ont aussi été fortes parce que nous partagions une même souffrance, une même tristesse. Bien sûr, les amies ont aussi été touchées et entraient dans notre tristesse, mais d'une manière différente. Certains amis de Sophie étaient plus proches que des cousins, mais j'ai été surprise par la force des liens du sang.

Marie a une sœur plus jeune, Mathilde, qui m'a elle aussi prise en main. J'avais sans doute besoin de quelqu'un pour jouer le rôle de Sophie quand il s'agit de me stimuler un peu. Ni Marie, ni Mathilde, ni mes amies ne remplaceront Sophie, qui restera toujours ma seule sœur et ma protectrice du Ciel, mais elles ont clairement pris une plus grande place dans ma vie.

Mes yeux se sont ouverts sur la force dont pouvait être habitée maman. Elle a su gérer le drame avec un sang-froid remarquable. Nous étions dévastés et elle a gardé la maîtrise des choses. Jusque-là, je voyais papa comme l'homme qui rassemble la famille et qui l'inspire, et, soudain, voilà maman, l'être sensible, qui devient maître à bord. Papa était vraiment accablé. Lui qui est grand et se tient droit d'ordinaire s'est soudain voûté et est resté ainsi, les épaules basses, pendant de longues semaines. On voyait bien qu'il était terriblement affecté, et heureusement que maman a tenu le coup, du moins en apparence.

Dans l'heure qui a suivi la terrible annonce, maman s'est occupée des billets de train et d'avion et des questions pratiques. Je l'ai eue au téléphone dans l'après-midi, et sa voix était douce, rassurante. Elle me donnait des consignes en attendant son retour. Je savais bien qu'elle évitait de se mettre à pleurer. Elle devait mettre sa peine de côté parce que plus urgent que l'expression de son chagrin était son désir que nous soyons tous réunis le plus vite possible. Et parce qu'elle était forte, nous nous sommes tous accrochés à elle comme des naufragés à un radeau. Si elle n'avait pas tenu le coup, nous aurions été tous un peu plus perdus ! Plus tard, elle a non pas craqué – en tout cas pas devant nous –, mais laissé place à ses sentiments et à sa peine.

Le drame m'a permis de découvrir une nouvelle maman. Je savais que papa était un homme sensible, couvant ses enfants, à la fois fort et fragile. Il faut dire que c'est lui qui avait encouragé Sophie à aller aux JMJ au Brésil. Ce n'était pas initialement dans les plans de Sophie. Je pense que, quelque part, papa s'est senti coupable et cela l'a énormément affecté, même s'il ne l'a jamais exprimé devant moi.

Ensuite, il a fallu reconstruire le schéma de la famille. Les individus fonctionnent les uns par rapport aux autres. Quand une pièce manque, un nouvel équilibre doit se trouver. J'avais une sœur à qui je racontais ma vie. Fallait-il trouver quelqu'un d'autre, ou me taire ? Partager autrement et sans doute moins ? Les parents parlaient beaucoup de Sophie. Les garçons peu. Du coup, les parents se tournaient vers moi et je me suis ainsi beaucoup rapprochée de maman. Mais je ne pouvais pas leur raconter tout ce que je disais à Sophie, nous étions vraiment des pipelettes. Et je ne savais plus avec qui partager, même des futilités. Progressivement, je me suis rendue chaque soir dans la chambre de mes parents pour évoquer ma journée. Naturellement, les échanges ne sont plus les mêmes. Difficile d'entretenir ses parents de broutilles. Sans oublier qu'une chape de gravité était tombée sur chacun de nous.

Il reste une énigme pour moi. Les JMJ rassemblent des milliers de jeunes. Un brutal accident de car survient, occasionnant quelques blessés et un mort. Une mort quasi anormale. Sophie. Quand on voit les photos du car accidenté, on constate qu'il a littéralement explosé et on se dit : c'est un miracle qu'il n'y ait eu qu'un mort. Mais en même temps, on pense : si Dieu a sauvé miraculeusement dix, vingt, trente personnes de ce bus, pourquoi n'a-t-il pas aussi sauvé Sophie ? Je n'ai pas de réponse. Je constate seulement que son absence brutale a obligé bien des gens à découvrir qui était Sophie et ce qu'elle faisait quand elle était encore là.

7

Les grands espaces du Canada et d'ailleurs

François

Le lendemain de l'enterrement de Sophie, après une longue réflexion, nous décidons de maintenir le voyage prévu au Canada. Là, j'ai commencé à faiblir. Il y avait moins de monde autour de nous. Sophie manquait et elle manquerait pour toujours. Dès les premiers jours de notre périple au Canada, son absence nous éclate à la figure. Nous passions toujours nos vacances à six. Ce qui me poignardait, c'est la table où on n'était plus que cinq. Les tables de restaurants sont souvent dressées avec un nombre pair de couverts et de chaises et là, sur une table de six, le garçon commençait par enlever un couvert. Il ne pouvait penser qu'il ôtait la place de Sophie et qu'il appuyait sur une cicatrice que chacun portait secrètement. Je ne supportais pas cette place vide.

Dans la journée, je parvenais à me contenir, mais dès que nous nous arrêtions le soir je pleurais, quand se terminait une activité, je m'enfonçais. Heureusement, il n'y a jamais eu un moment où tous nous fléchissions ; aucune scène de crise collective, de refus ou d'abandon. Mais chaque soir, j'étais plus mal. Un jour, n'y tenant plus, j'ai téléphoné à Anne-Lorraine, la jeune fille qui était à côté de Sophie dans le bus, le jour de l'accident. C'est auprès d'elle que notre fille est morte. Je voulais savoir, avec certitude, si Sophie avait souffert. Je savais qu'elle n'était pas morte sur le coup, que les secours avaient mis assez longtemps pour arriver… Anne-Lorraine m'a assuré qu'elle était restée auprès de Sophie tout le temps et que dès le premier choc, elle avait sombré dans le coma, pour ne jamais en sortir. Alors non, Sophie n'avait pas souffert. Il est des moments où l'on veut en savoir plus et d'autres où l'on préfère ne pas savoir du tout.

Juliette

Lorsque, quelques jours plus tard, nous sommes partis en vacances au Canada, nous étions devenus une famille de cinq personnes, avec le sentiment d'une amputation. Je me sentais particulièrement seule parce que je ne partageais plus ma chambre avec Sophie, comme fréquemment lorsque nous étions en vacances. Sophie était souvent celle qui mettait de l'animation. Sans elle, la famille perdait un peu d'énergie. Nous avions chacun l'impression qu'il manquait une partie de nous-mêmes.

Béatrice

Au Canada, nous réalisions que nous étions dans une configuration nouvelle. À chaque étape, lorsque j'allais voir les enfants dans leur chambre, qu'ils partageaient désormais à trois, je n'avais d'yeux que pour Juliette. Allait-elle bien ? Je m'inquiétais trop puisque les enfants me montraient qu'ils pouvaient s'amuser ensemble. Je les ai vu faire les idiots, ce qui nous a rassurés. Quand François et moi étions seuls dans notre chambre, il se mettait à pleurer. Je me demandais s'il allait un jour s'arrêter et surmonter son chagrin. Je savais juste un peu mieux que lui retenir mes larmes. Lorsque François était au plus bas, j'étais un peu plus haut, et inversement. Je parvenais à faire bonne figure, car je devais porter mon mari.

On m'a expliqué plus tard que ce phénomène était l'un des signes des grâces du mariage.

Curieusement, je « portais » moins les enfants. Ils m'ont épatée. Des personnes passées par les mêmes épreuves m'avaient prévenue : les enfants perçoivent la détresse de leurs parents de façon instinctive et cherchent à les protéger, en évitant de montrer leur propre peine. Mais à force de prendre sur eux, mes enfants ne risquaient-ils pas de s'effondrer d'un coup, un jour ? Comment pourrais-je les aider ? Ce n'était pas à moi que cette tâche incombait. Ils ont par la suite trouvé des relais extérieurs, des cousins, des amis à qui se confier. Comme parents, nous n'avions pas l'énergie nécessaire pour répondre à leurs attentes. Nous pouvions faire corps, nous pouvions faire clan, mais nous ne pouvions faire davantage.

Un jour, François et moi sommes allés marcher dans la forêt. Nous avions besoin de cet isolement pour laisser échapper notre peine et nos larmes, sans affliger les enfants.

J'ai commencé à sérieusement m'inquiéter, me sentant démunie face à l'immense tristesse de François. Du fin fond du Canada, j'ai appelé au secours un ami psychiatre. François était en morceaux, et je me sentais vraiment loin de tout, au bout du monde. Je n'étais pas loin de la panique. Quand je suis enfin parvenue à joindre cet ami, j'ai aussitôt éprouvé un grand soulagement ; sa voix était déjà un réconfort, réduisant les distances, diminuant les peurs. Il m'a posé trois questions : est-ce qu'il dort ? Est-ce qu'il mange ? Est-ce qu'il se lève le matin ? Je pouvais répondre que oui, il dort avec des médicaments ; oui, il mange à sa façon ; non, il ne reste pas au lit le matin. « Alors, ne t'inquiète pas ! C'est dur mais c'est normal ! Tout va rentrer dans l'ordre. » L'Esprit Saint à Cacouna a fait le reste quelques jours plus tard.

François

Les deux visites que nous avons programmées *in extremis* ont été providentielles.

C'est ainsi que nous sommes allés rencontrer Jacques LaPointe un prêtre inconnu, personnage stupéfiant. Durant trois heures nous avons parlé de Sophie. Matthieu l'a surnommé « Forrest Gump ». Alors qu'il était un jeune loup de la finance, il a fait l'expérience de la mort imminente, face à Dieu qui lui a offert le choix : entrer dans la lumière blanche ou retourner sur terre. Il a répondu n'être pas prêt à mourir. Mais il demandait un vrai but dans son existence. Revenant à la vie, il devint franciscain, se rendit à Tokyo où il aida les prostituées, puis dans le Bronx...

En l'écoutant, j'étais incapable d'avoir une réaction de rejet, de doute, de suspicion. À cette époque et dans mon état, je crois que je pouvais accepter tout ce qu'on me donnait : une poignée de main, un SMS, un regard, une lettre... J'ai tout reçu sans calculer ou vérifier pour savoir si cela était bon, juste ou sincère. Ce prêtre m'assura que nous avions beaucoup de chance parce que Sophie était une sainte et que là où elle était, elle allait désormais pouvoir nous aider abondamment, nous et beaucoup d'autres. Je bus tout cela d'un trait et sortis de là totalement allégé. Cet homme m'a fait un bien énorme.

Paul

Au Canada, nous avons vécu deux visites pour le moins surprenantes, voire déroutantes. Je dois dire que j'ai été impressionné par le père Jacques LaPointe. Cela a été une rencontre fabuleuse.

Dans un fast-food chinois, trois heures durant, le père LaPointe nous a raconté sa vie, complètement rocambolesque. Cet homme a vécu des milliers de choses inimaginables, hors du commun. Il dit être en contact avec une dizaine d'enfants défunts, lesquels ont eu des vies courtes mais remarquables, et qui « vivent » et font vivre des choses merveilleuses à leur entourage. Il prétend qu'il pressent la même chose avec Sophie. Incroyable comme truc ! Difficile à expliquer tant cela semble loin de notre rationalité. Ce qui m'a frappé chez lui, c'est la façon dont cet homme vit sa foi en plénitude, dans le monde qui est le nôtre.

François

Cacouna est une maison d'accueil chrétien, sur les bords du Saint-Laurent. C'est un centre d'*agapèthérapie,* de guérison de la douleur, inspiré par la spiritualité charismatique. Aux premiers énoncés des caractéristiques de cette maison, j'ai quelques réticences. Je pense aussitôt et sans complaisance : charlatans ! Elle a été fondée dans les années 1970 par une religieuse qui accueille des gens victimes de grandes souffrances et pour qui elle prie le Saint-Esprit. Il y aurait des guérisons physiques et psychologiques étonnantes.

Nous arrivons là-bas le 14 août au soir, sur la recommandation d'une amie de Béatrice. Il fait frais et la maison est quasiment déserte. Sœur Yolande nous souhaite la bienvenue et nous propose de nous faire visiter le centre. Cette sœur d'un certain âge n'avait pas fait le lien entre nous et Sophie. Nous pénétrons dans une salle où est inscrit un verset biblique : « Je vous envoie vers les nations pour faire des disciples... » Béatrice réagit aussitôt : « C'est drôle ! C'est le verset qui a servi de thème central aux JMJ... » À ce mot, sœur Yolande réalise que nous sommes les parents de Sophie. Elle nous manifeste son affection et sa sympathie et nous relate l'histoire de cette ancienne demeure d'un riche armateur écossais protestant du XIXe siècle, père de quatre enfants.

Au moment de la Première Guerre mondiale, son épouse décide de rejoindre leur fille aînée restée en Angleterre. Elle embarque avec ses autres enfants. Hélas, le bateau est torpillé et deux des enfants meurent dans le naufrage. Quelques années après la guerre, la fille en Angleterre meurt à son tour de maladie. L'armateur se retrouve avec sa femme et un seul enfant dans cette énorme maison qu'il lègue à l'évêque catholique qui en fait un monastère capucin. Dans les années 1970, elle est donnée à une organisation charismatique et devient un centre d'accueil. Sœur Yolande note que cette maison ressemble un peu à notre histoire. C'est après le drame d'une famille qu'est née une vocation nouvelle pour la demeure. Nous l'écoutons. Un homme se joint à nous dans une chapelle.

Sœur Yolande propose de prier, en nous imposant les mains avec l'aide de cet homme. L'imposition des mains ne me parle pas du tout, cela m'est inconnu.

Soudain, je me mets à pleurer sans pouvoir maîtriser mes larmes. Cela dure un bon quart d'heure. Un sentiment inconnu m'envahit. Sœur Yolande prie toujours, nous incite à dire tout ce que nous avons sur le cœur. Moi, j'avais un poids énorme, un fardeau qui se résume par quelques lignes retrouvées dans un mail de Sophie à l'une de ses amies : *On a parlé, ce dimanche à table, des JMJ. Papa a dit que s'il avait vingt ans, il n'aurait qu'un projet : y participer et y rencontrer le nouveau pape ! Papa a raison. Je décide donc d'y aller ! Merci, papa, c'est formidable !* Dans cette chapelle de Cacouna, je dis mon sentiment de culpabilité, mon regret et toute ma souffrance d'avoir mis dans la tête de ma fille le projet de se rendre à Rio. Sans cette idée, Sophie ne serait jamais allée en Guyane pour y mourir.

Sœur Yolande me console : « N'ayez pas de remords. Vous l'avez conduite au ciel ! Vous ne devez pas vous sentir coupable. Vous lui avez offert le plus beau cadeau que vous pouviez lui faire. Vous l'avez amenée au Ciel, dans la plénitude de la vie éternelle ! » Elle dit cela, mais je continue à pleurer toutes les larmes de mon corps. Les enfants me regardent, sidérés. Ils pleurent aussi, peut-être à cause de la peine qu'ils ont de me voir dans cet état. Ils ne sont pas touchés aussi profondément que je le suis à ce moment-là. Je ne suis ni charismatique, ni mystique. À cet instant précis, en ce lieu, je suis pourtant ému au plus profond de mon être et je sens monter en moi un énorme et incommensurable soulagement. Et tous les jours suivants sont alors vécus dans un nouvel élan.

Paul

Dès que papa a parlé des JMJ, sœur Yolande a manifesté sa connaissance de la mort de Sophie. Je n'avais pas mesuré, à ce moment-là, que dans le monde entier on avait parlé de l'accident et de la mort de ma sœur. Dans la chapelle, sœur Yolande s'est mise à chanter et à prier en langues. Matthieu et moi, qui ne connaissions pas ce phénomène, étions apeurés ou prêts à partir dans un fou rire irrespectueux. Mais comme nos parents étaient impressionnés, Juliette un peu déstabilisée, nous nous sommes ressaisis.

J'étais dépassé par ces expressions de foi que je ne connaissais pas. En sortant de Cacouna, je ne me suis pas dit que « nous étions chez les fous », mais qu'il existe une autre forme de prière avec laquelle je ne me sens pas très à l'aise.

Juliette

Lorsque nous sommes sortis de ce lieu, nous avions chacun un poids en moins. Il n'empêche que cette visite m'a semblé bizarre. Auprès de sœur Yolande, une autre personne a prié pour nous avec une ferveur si impressionnante que je me suis dit qu'il ne pouvait pas ne pas y avoir d'effets. D'après eux, des gens de passage, chargés et fatigués, repartaient totalement transformés de Cacouna. Je ne crois pas trop au coup de baguette magique, et si le changement n'a pas été aussi radical, nous nous sentions tout de même plus légers. Sœur Yolande disait de belles choses et c'était émouvant. Par exemple :

« J'ai l'impression que l'un de vous est encore trop attaché à l'image terrestre de Sophie jusqu'à souhaiter la revoir, ne serait-ce qu'un court instant, comme Marie-Madeleine qui disait à Jésus au tombeau : Reste avec nous. » Cette parole, je l'ai reçue pour moi parce qu'il m'arrivait de prier en disant : « Mon Dieu, je voudrais pouvoir la revoir ne serait-ce que cinq minutes pour lui dire au revoir ! » La religieuse nous a conseillé d'oublier la Sophie terrestre pour imaginer la Sophie céleste.

La confrontation avec une expression de foi qui ne nous est pas coutumière provoque des interrogations. Vous avez une façon de vivre votre spiritualité dans une dimension précise. Vous priez d'une certaine manière, sans savoir qu'il en existe une multitude d'autres. Comme vous confondez foi et expression de la foi, une expression différente vous dérange au point de vous demander s'il s'agit de la même foi, voire du même Dieu.

Il est difficile pour moi d'adhérer à des expressions différentes, même si c'est tout de même bien que chacun puisse trouver Dieu en passant par le chemin qui lui convient. Je ne peux pas mettre en doute la foi de ces gens sous prétexte qu'ils ne la vivent pas comme j'y suis habituée. À Cacouna, nous avons rencontré des croyants qui n'ont pas peur d'extérioriser leurs émotions, de montrer leur joie dans la louange. C'est peut-être cette invitation à lâcher prise qui a permis à papa d'ouvrir les écluses.

Paul

Durant ces vacances, nous les enfants, nous étions parfois à nous demander s'il fallait ou pas parler de Sophie. On mesurait bien la profondeur de la peine de papa et nous ne voulions pas risquer d'accentuer cette peine. Nous étions dans une permanente interrogation. Lorsque nous admirions un paysage, que nous riions entre nous, il nous arrivait de guetter la réaction des parents pour vérifier si nous avions le droit de vivre comme si de rien n'était. Moi, je ne voulais pas risquer de pleurer encore en évoquant une souffrance toujours vive, ni risquer de m'installer dans une espèce de déni.

Il est clair qu'après Cacouna, les choses ont été plus faciles à vivre. Les parents étaient plus détendus et papa moins rongé par le chagrin. Même si je n'ai pas tout compris de cette étape, elle a été déterminante pour que tous, nous retrouvions un peu de sérénité, et davantage de liberté entre nous.

Le Canada est un pays magnifique, les paysages sont grandioses et cette beauté à l'état pur a eu un impact. Le psalmiste dit quelque part : « Quand je contemple ton œuvre, l'ouvrage de tes mains, je me demande : qu'est-ce que l'homme pour que tu prennes ainsi soin de lui ? » Dans ce pays, on va peu dans des musées, on contemple la nature. J'étais muet d'admiration devant les splendeurs du paysage, le souffle coupé. J'en avais « plein les yeux » et cela a suscité en moi une vive reconnaissance à l'égard du Créateur. Tous, nous nous sommes sentis petits devant cette immensité superbe. De quoi changer nos échelles. Par ailleurs, nous avons fait beaucoup de voiture durant ces vacances, plusieurs heures par jour, et cette proximité à l'intérieur du véhicule a eu un effet rassurant sur nous.

8

Finir les vacances et parvenir à rentrer

Béatrice

Après le Canada, nous sommes allés à l'île d'Yeu dans une maison louée que Sophie n'avait pas connue. Nous revenions ainsi en famille dans un lieu que tout le monde aimait, mais dans une maison où nous n'avions jamais encore séjourné. C'était bien pour tous et surtout pour moi car j'ai du mal à revenir dans des lieux où nous avons été heureux avec elle. Chez nous, à Paris, j'ai surmonté ce problème, mais pour de nombreux autres endroits, j'ai vraiment du mal à revenir sans elle. Un jour, François et les enfants m'ont reprise : « On ne peut tout de même pas rayer de la carte tous les lieux où nous sommes allés avec Sophie ! » Dont acte !

François

Une surprise nous y attendait. En effet, nous sommes tombés par hasard sur la famille de Christian de Cacqueray, qui revenait sur l'île pour la première fois depuis vingt-cinq ans. Nous avons donc eu l'occasion de parler plus tranquillement. C'est à cette occasion qu'il nous a raconté comment il avait été secoué par mon premier appel téléphonique, juste après la mort de Sophie.

« Ce jeudi-là, quelque chose me retenait au bureau. Il y a eu votre appel. Après avoir parlé quelque temps ensemble des services à mettre en place pour Sophie, j'ai aussitôt appelé mon épouse et je lui ai parlé de vous. Je ne sais pas pourquoi j'étais particulièrement touché. » Il m'a avoué qu'en parlant avec sa femme, il s'est mis à pleurer. Cet homme ne nous connaissait pas et, pourtant, il a participé à notre peine. Depuis dix ans, il enterre des gens et voit des familles en plein désarroi, mais la mort de Sophie semblait l'avoir touché différemment. Il est vrai qu'il est père de quatre enfants du même âge que les nôtres.

Béatrice

François devait rentrer à Paris. Il me restait une semaine, pendant laquelle je me suis réfugiée avec Matthieu chez des amis. Je ne parvenais pas à partir pour Paris. J'avais peur de retrouver la maison, de reprendre le quotidien et de subir l'absence de Sophie comme jamais.

Finalement, la rentrée de Paul s'est faite, puis celle de Juliette, et il ne restait plus que celle de Matthieu.

Or, Matthieu changeait aussi d'établissement pour se retrouver dans un collège où il ne connaissait personne. Le premier jour, il déjeune seul à sa table de cantine. Même chose le deuxième jour, et le soir, à la maison, il s'effondre. Il ne cesse de dire : « C'est trop dur ! Vraiment trop dur ! » Je ne l'avais plus vu pleurer depuis l'enterrement. Voir Matthieu en larmes, lui qui fait toujours un peu le caïd, me laisse sans ressource. Heureusement, Paul et Juliette étaient à la maison et ils ont joué le véritable rôle du grand frère, de la grande sœur. À un moment, Paul, d'un naturel plutôt taiseux, se retire dans sa chambre. Je le trouve un peu démissionnaire, mais, en fait, il s'est retiré pour envoyer un texto à une amie et lui parler de la déprime de son petit frère bien perdu dans sa nouvelle école. La fille lui demande :

– *Il est où ?*

– *À Sainte-Élisabeth.*

– *Pas possible ! Ma sœur y est aussi ! Je lui demande d'accueillir ton frère dès demain matin.*

C'est ce qui s'est passé. Du coup, Matthieu s'est senti accueilli dans son nouveau collège. Puis rapidement, un voyage de classe a soudé le groupe et cassé sa solitude.

Lorsque je repense à ce texto qui tombe à point nommé, je constate que nous étions entrés dans une configuration spirituelle nouvelle : apprendre à compter sur la bienveillance de Dieu, sur la Providence. À cause de la mort de Sophie, j'ai appris à décoder les coups de pouce et les clins d'œil de Dieu. Avant, j'avais noté des hasards sympathiques, des coïncidences troublantes, mais je n'y voyais pas nécessairement une main providentielle. Avant le départ de Sophie, j'avais déjà été confrontée à la mort de proches, certains que j'aimais beaucoup, comme ma grand-mère ou mon beau-père. Mais ces deuils-là ne m'ont pas enseigné la dimension « verticale » de la foi. Ces décès faisaient partie de la vie puisqu'il s'agissait de personnes plus âgées que moi. Dans la nouvelle configuration de la famille, j'ai redoublé d'attention à l'égard de Juliette. Elle est désormais la seule fille et était très complice avec Sophie. Pourtant, le caractère de Juliette est plus proche du mien que de celui de son père. Elle est apparemment plus dure.

Très vite, Juliette s'est enveloppée de Sophie. Littéralement ! Les deux sœurs, qui avaient la même taille, s'échangeaient leurs vêtements, ensuite, Juliette a porté systématiquement les robes de sa sœur. Au début, cela me faisait drôle. Sa marraine, Armelle, me rassurait : « Ce n'est pas autre chose que le besoin qu'elle a de s'entourer de Sophie ! » Puis Juliette s'est mise à accomplir des choses qu'elle ne faisait pas d'ordinaire et que Sophie réalisait souvent. Ce sont parfois des détails, mais que je ne pouvais que remarquer. Inconsciemment, elle est entrée dans une espèce de mimétisme. Armelle a su dire de façon intelligente à Juliette : « Ne cherche pas à prendre la place de Sophie ni même à l'imiter. Tu peux prendre exemple sur elle et garder ce qui est bien d'elle, mais reste à ta place et conserve ta personnalité. » Cette parole est venue au bout de deux mois environ et cela a été salvateur pour Juliette. Du coup, Juliette a osé être elle-même.

Sophie a distillé un peu d'elle-même chez chacun de mes trois enfants depuis qu'elle n'est plus là. Juliette s'est inspirée de sa douceur, elle qui a tendance à en manquer un peu. Chez Matthieu, plutôt rebelle comme peuvent l'être les adolescents, j'ai discerné plus de gentillesse. Les silences de Paul sont moins nombreux. Quant à moi, à la rentrée, j'eus des difficultés à me concentrer sur mon travail. Mes collègues ont été adorables et patients. Ils récupéraient une loque, mais tout fut fait pour une remise en marche progressive de ma pauvre personne. Ce fut une expérience structurante. Le Collège des Bernardins m'occupait deux jours par semaine, mais je continuais d'appréhender les moments où je me retrouvais seule chez moi.

Ce collège, voulu par le cardinal Lustiger, est un magnifique lieu situé dans le 5e arrondissement de Paris, consacré à la réflexion sur les grandes questions humaines et spirituelles. Il vise à transmettre l'espérance pour l'avenir de l'homme, éclairé par la connaissance de la Parole de Dieu et la compréhension du monde d'aujourd'hui.

À la maison, j'avais une montagne de courrier à gérer et je voulais répondre personnellement, avec François, à chaque personne qui nous avait écrit. Ce secrétariat a occupé la table du salon pendant deux mois. Mes amies ont été très présentes à mes côtés, se sont révélées efficaces sans jamais me lâcher. Parfois, des amies lyonnaises venaient spécialement à Paris des journées entières pour m'entourer.

Il y a eu beaucoup de mobilisation autour de notre famille et nous en étions conscients sans trop nous en étonner. Ce qui n'empêche que toutes ces marques d'amitié ont été vraiment précieuses. Certes, nous avons beaucoup de relations, de réseaux, d'amis, mais notre deuil a frappé tout le monde, parce que c'était la mort accidentelle d'une jeune fille.

Pendant toute la première année de « l'après Sophie », je n'ai que peu été actrice de ma vie. Je me suis laissé porter par les événements et par les rencontres. Quand je me remémore cette année écoulée, je suis obligée de dire : seule, je ne serai jamais parvenue à vivre ce que j'ai vécu, ni à parvenir là où je suis aujourd'hui. Durant cette longue période, des choses totalement inattendues sont survenues, et non des moindres.

François

La reprise du travail a été une nouvelle période difficile de chagrin, de tristesse, de dépression presque, qui a duré jusqu'à la fin de l'année. Cette première semaine de reprise, je suis sans la famille à Paris, et j'ai beaucoup de mal à recommencer le travail. Depuis la mort de Sophie, nous vivons constamment à cinq, et on fait corps. Je me sens comme paralysé face au retour au monde bien réel. Les sujets professionnels me paraissent superficiels. Mais un nouveau bon Samaritain est encore là. Mon ami Vincent vient passer la semaine avec moi, et du coup je suis moins seul. En fait, je n'ai jamais été seul. C'est là que certains collègues me portent littéralement. Ils me changent les idées, un peu dépourvus et ne sachant que faire devant mes moments d'absence. Ils se sentent inutiles, je les trouve merveilleux. L'amour transpire autour de moi.

Une autre douce parenthèse nous attendait en cette fin de première semaine de rentrée si difficile. Très vite après la mort de Sophie, comme d'autres instances sportives, les dirigeants du club de football de Saint-Etienne s'étaient manifestés auprès de moi pour me dire leur sympathie. J'avais créé avec eux un lien amical à travers mon travail, car j'aime beaucoup ce club depuis mon adolescence. Mes enfants n'ont pas manqué de prendre aussi le virus, et je me souviens de Sophie en maillot vert avec son frère Matthieu fêtant la victoire du club en Coupe de la Ligue quelques mois auparavant au Stade de France. Le club publia un très bel hommage à Sophie, en photo toute de vert vêtue, dans le numéro d'août du magazine du club. Puis mon ami Philippe Gastal, directeur du musée des Verts, m'informa que le club nous conviait au match contre Bordeaux le 1er septembre, car une minute d'applaudissement aurait lieu avant le coup d'envoi en mémoire de Sophie. Et c'est ainsi que nous nous retrouvâmes tous les cinq en tribune présidentielle au stade Geoffroy Guichard, par un beau dimanche d'été, debout en train d'applaudir la photo de Sophie sur le grand écran avec 40 000 spectateurs, et vingt-deux joueurs sur la pelouse. Victoire de Saint-Etienne 2 buts à 1. Sophie veillait à tout. « Sophie a remis l'église au centre du village » concluait Bernard Caiazzo le président du club, pour résumer ce moment fort.

De nombreux collègues amis m'invitèrent à déjeuner à la rentrée, autant de moments de réconfort dans ma solitude intérieure. Pas mal d'entre eux sont non-croyants. Ils furent interpellés par la messe d'enterrement et par mon témoignage de foi, ce qui entraîna des discussions pas toujours faciles, mais passionnantes et profondes. Je me souviens notamment de l'une d'elles où nous évoquions la contradiction que mon interlocuteur ressentait entre l'existence du mal et l'existence de Dieu : comment un Dieu d'amour pourrait-il tolérer que le monde qu'il a créé soit sous l'emprise de forces puissantes qui précipitent constamment l'univers dans des catastrophes d'origine naturelle ou humaine, comme l'accident de Sophie ? Pour moi, la réponse réside dans la liberté que Dieu nous a donnée pour que nous l'aimions vraiment et non comme des robots serviles. Mais des anges et des hommes ont fait mauvais usage de cette liberté et se sont rebellés contre leur Créateur. Ce dérèglement a engendré le mal, que Dieu combat, y compris en envoyant son Fils qui expérimenta lui-même ce mal directement dans sa chair jusqu'à en mourir, avant de le vaincre par sa résurrection. Je tente d'expliquer avec mes mots que Dieu n'a jamais abandonné l'homme et que face à la dureté de la vie, face aux injustices, il l'assure de sa justice d'amour dans la vie éternelle, après la mort physique. Je me raccroche à cette espérance inouïe que Dieu nous propose. Plutôt que l'accuser d'injustice face au mal, il faut se laisser pénétrer par son amour et comprendre que le mal est temporaire, que Dieu ne l'a pas voulu et qu'il l'écrasera, pour tous et pour toujours.

Cependant, cette certitude n'empêcha pas la réalité qui m'accablait. Cette espérance dont je savais parler me quittait dès que la tristesse revenait. En cette rentrée, je ressentais fréquemment ce combat intérieur et cette oscillation permanente.

C'est alors que Béatrice accuse durement le coup car la rentrée est pour elle une nouvelle preuve de l'absence cruelle de Sophie. En octobre, elle part à Lourdes. Elle est abattue mais revient en grande forme. Son voyage a duré moins d'une semaine, mais l'a tout à fait ragaillardie. De mon côté, c'est plutôt le contraire. Entre nous, j'observe ce phénomène de vases communicants : lorsque je vais bien, c'est elle qui flanche ; lorsque je m'enfonce, elle se relève. Nous sommes installés dans un système sinusoïdal. Lorsque nous sommes à six ou huit semaines de Noël, Béatrice panique un peu parce qu'elle redoute cette fête familiale, ce qui n'est pas mon cas. Or, Noël se passe bien. Est-ce que nous allons enfin retrouver un équilibre ? Pour les vacances d'hiver, nous profitons d'un chalet en montagne prêté par un ami. Ce temps d'oxygénation nous fait du bien à tous. En janvier, nous organisons une nouvelle célébration à l'église à l'occasion des six mois de la mort de Sophie. Il y a encore beaucoup de monde à cette occasion. Ces moments spirituels qui ponctuent le calendrier me donnent un coup de fouet au moral et même au physique. À chacune de ces occasions, nous nous replaçons sereinement devant le Dieu de grâce dont nous parlait Sophie. Ces temps de repos – se *poser* devant Dieu – me permettent de remettre en place des choses qui ont besoin de l'être pour mieux saisir Ses interventions.

Je souhaiterais revenir sur une série d'anecdotes autour du cardinal Barbarin qui montre bien que le Ciel peut se mettre à vous parler de diverses manières.

On se souvient de son appel téléphonique depuis la Guyane, alors que nous étions en voiture, en route pour le funérarium. J'étais pétri d'angoisse, ne sachant quelle serait ma réaction face au cadavre de ma fille. C'est alors que le coup de fil de l'archevêque est arrivé au bon moment. Or, plus tard, j'ai eu l'occasion de le rencontrer et il m'a raconté les circonstances de ce fameux coup de fil.

À ce moment-là, il était avec l'évêque de Guyane, Mgr Emmanuel Lafont, devant un problème difficile à résoudre avec l'administration. En effet, la délégation française avait été retardée en Guyane et se trouvait coincée à l'aéroport, sans avion et sans hébergement. Il fallait d'urgence trouver une solution pour ces 400 jeunes en rade et en plein soleil. Emmanuel Lafont passe alors son téléphone à Philippe Barbarin en lui disant : « Appelle directement le préfet. Tiens, j'ai fait le numéro ! Parle-lui, toi ! Il sera bien obligé de prendre en compte l'appel de l'archevêque de Lyon ! » Mais lorsque Mgr Barbarin se présente, il entend dans le combiné : « Ici François Morinière. » L'archevêque de Lyon comprend en un quart de seconde que Mgr Lafont s'est trompé de numéro et qu'il a composé le mien. Comment l'erreur s'est-elle glissée ? Impossible de confondre Éric Spitz, le préfet, avec François Morinière ! Sans se démonter, Philippe Barbarin me parle comme si de rien n'était. Il ne s'excuse pas en avouant s'être trompé de numéro et entame normalement la conversation. Je comprends sa brève hésitation, que j'avais mise sur le compte de la mauvaise communication. Quand Mgr Barbarin raccroche, il se tourne vers Mgr Lafont : « Tu te rends compte, je viens de parler à François Morinière ! Sophie me poursuit. C'est incroyable, mais c'était bien que je puisse dire quelques mots à son père. » Mgr Barbarin rejoint les jeunes et raconte cette anecdote. Pendant une heure, il évoque Sophie, mais aussi la beauté et la providence de Dieu. Après ce témoignage, il commence une messe et, au milieu de la cérémonie, fait une crise cardiaque. Il est emmené d'urgence à l'hôpital. À Cayenne, on ne peut l'opérer et il est emmené à Fort-de-France, en Martinique, par avion militaire. Quadruple pontage et rapatriement en France.

En décembre 2013, Philippe Barbarin m'appelle à nouveau sur mon portable. Il me raconte tout ce qu'il a vécu depuis l'accident de Sophie et ses propres mésaventures en Guyane. Il me confie son sentiment de proximité avec Sophie et même le besoin qu'il a de la prier. Il sollicite une photo de notre fille. Je m'étonne d'une telle demande et de tels aveux de la part d'un cardinal, mais je ne peux que lui envoyer ce qu'il réclame si gentiment, et je lui fais parvenir un mémento de Sophie, que nous avons réalisé pour perpétuer son souvenir. En janvier 2014, lors des manifestations organisées contre la GPA – gestation pour autrui –, je constate en regardant les informations que Mgr Barbarin est dans les cortèges. Comme il m'a confié son numéro de téléphone personnel, je décide de l'appeler en lui proposant de venir passer une heure ou deux à la maison. Nouveau quiproquo : il défile à Lyon et non à Paris. Il me propose de profiter d'un prochain déplacement pour nous voir : « Je dois monter à Paris en début mars pour de nouveaux examens médicaux et vérifier l'état de mon cœur. Et le 6 mars, jour anniversaire de Sophie, je serai libre. Si vous organisez quelque chose, faites-moi signe. Il faut que vous sachiez que la photo de Sophie est sur mon bureau et que chaque jour, je prie avec elle ! »

Et c'est ainsi que Mgr Barbarin a présidé une messe à Garches pour Sophie, le jour de son anniversaire. Le sermon qu'il a prononcé était remarquable. Il a parlé de Sophie comme s'il la connaissait depuis sa naissance. Il a parlé avec force et conviction de la dimension œcuménique dans la spiritualité de Sophie. Tous les participants, croyants ou non, ont été profondément touchés. Certains avis me sont parvenus : « Si tous les pasteurs de l'Église étaient comme lui, la foi serait mieux partagée et le respect des autres religions serait une réalité pour tous. »

En septembre 2013, nous avons la possibilité de rencontrer Mgr Lafont, de Guyane, alors qu'il est de passage à Paris. Depuis la mort de Sophie, nous sommes souvent en liaison. C'est un homme exceptionnel. Nous avons su qu'il a pris en main les jeunes le jour même de l'accident. Lors de la veillée de prières à Cayenne, le 17 juillet, il a parlé avec force et amour et a littéralement apaisé le cœur de l'assistance. Le 2 septembre, il me téléphone en me disant être à Rome, avant de passer à Paris. Je saute sur l'occasion pour lui demander comment faire pour écrire au pape en étant sûr que la lettre lui parvienne personnellement. Mon souhait est de le remercier d'avoir évoqué l'accident, la mort de Sophie, les blessés et demandé aux milliers de jeunes rassemblés sur la plage de Copacabana de prier pour elle et pour les autres victimes. Emmanuel Lafont me propose alors la chose suivante : « Écrivez-lui ce soir. Scannez la lettre. Envoyez-la-moi par mail et demain matin, comme j'ai l'occasion de voir sa Sainteté, je la lui remettrai en mains propres ! » Or, le lendemain, avant la messe, le pape salue Mgr Lafont et lui dit : « Puisque vous êtes là, représentant la Guyane, au moment de la prière, dans le mémento des défunts cités, nous allons rajouter la jeune Morinière ! » Mgr Lafont ne lui avait pas encore remis ma lettre. Quelle étrange coïncidence… Après la messe pontificale, Mgr Lafont me textotte : « Voilà, la lettre a été remise au Saint-Père ! » Huit jours plus tard, nous recevons, à Paris, un courrier du pape, par la nonciature. Papier magnifique aux armes du pape, et une signature manuscrite : *François*[1].

Stimulé par cette lettre, je décide de me rendre à Rome pour la canonisation de Jean XXIII et de Jean-Paul II, en avril 2014. Nous avions souvent parlé de ce futur événement en famille, et il ne fallait pas

---

1. Cf. p. 187.

renoncer malgré l'absence de Sophie. Profitant de la présence de Mgr Barbarin à Paris le 6 mars, je lui demande s'il est possible de rencontrer le pape lors de notre voyage à Rome. J'avais jusque-là écrit au Vatican, et j'avais reçu une fin de non-recevoir polie. Je ne doute de rien ! Et voilà que les choses se mettent en place. Trois jours après, le cardinal Barbarin m'écrit un e-mail en me disant que le pape lui a donné immédiatement son accord. Nous sommes au Vatican à la date de la double canonisation et, le jeudi matin, nous est donnée la possibilité d'assister à la messe privée du pape, en l'église Sainte-Marthe, au milieu d'une assistance d'une trentaine de personnes.

Le pape François prononce une belle homélie : « Les chrétiens ne doivent pas être des chauves-souris, c'est-à-dire se contenter de sortir la nuit et se cacher le jour ! Ils doivent manifester joyeusement au monde leur foi et leur espérance. » Ces mots résonnent en moi. Sans être un chrétien triste, ai-je jusque-là suffisamment manifesté ma foi ? N'est-ce pas ma mission désormais à la lumière de mon destin récent ? À la fin de la messe, le pape François vient s'asseoir avec les gens présents pour continuer sa prière et faire son action de grâces. Puis l'assistance a le droit de le saluer individuellement pour échanger quelques mots. Nous lui présentons un cadre avec la photo de Sophie, son badge des JMJ et une citation de l'Évangile : « Moi, je suis avec vous tous les jours, jusqu'à la fin du monde. » Le pape bénit l'objet et nous prions ensemble quelques instants. Puis il nous dit : « Priez aussi pour moi ! Vous les

Français, priez pour moi. J'ai besoin de vos prières. » C'est un moment fraternel de communion intense. Mon front est contre son front, nous avons tous les deux les yeux fermés, unis dans l'amour fraternel.

Je pense que Dieu agit pour que nous ne sombrions pas. Nous passons de rencontre en rencontre, portés toujours plus loin. La mort d'un enfant n'est pas – et heureusement – l'expérience de tous, mais vivre cette mort comme nous la vivons est certainement encore moins fréquent. Dans notre malheur, le bonheur reprend racine.

9

La chambre de Sophie

Juliette

Un fait curieux : avant de partir, Sophie avait rangé sa chambre de fond en comble, alors qu'elle ne le faisait quasiment jamais. Cela a pas mal intrigué maman. Il me semble que cela aurait été horrible de ranger cette chambre après sa mort, de manipuler toutes ses affaires. C'était plutôt bien de passer dans cette chambre où on sentait encore son odeur, on percevait sa personnalité sans le bazar coutumier. Moi, il m'est arrivé de venir m'allonger un temps sur son lit, de penser à elle. Et c'était bon ! Elle n'était plus là, mais ses traces étaient encore visibles. C'était réconfortant.

Se débarrasser de ses affaires était difficile, mais il n'est pas très sain de conserver ou de créer des reliques. Pourquoi s'obstiner à faire vivre les affaires d'une personne décédée ? Ce ne sont que des objets ! Comme je ressemble pas mal à Sophie, les parents m'ont souvent demandé mon avis sur ce qu'il fallait entreprendre. Dans un premier temps, je ne voulais pas que l'on change sa chambre, qu'on déplace le lit, qu'on transforme la décoration. Concernant les vêtements, j'étais la première concernée ; j'avais déjà l'habitude d'échanger ma garde-robe avec celle de Sophie. J'ai vite eu envie de mettre ses vêtements, y compris le jour de l'enterrement. Cette dernière idée n'était peut-être pas la meilleure parce que plusieurs personnes qui connaissaient assez Sophie avaient du mal à me regarder dans cette robe. Je tenais beaucoup à ses vêtements et je ne les imaginais pas stockés à la cave ou donnés au Secours catholique. Nous avons donné à certaines de ses amies une écharpe, un foulard, un tee-shirt, mais j'ai gardé l'essentiel. Une cousine nous a demandé un habit et nous lui avons passé une chemise de Sophie. Plus tard, je lui ai demandé si elle le portait et sa réponse m'a surprise : « Tu n'y penses pas ! C'était à Sophie ! Je n'oserai jamais le porter. Par contre, je dors avec et c'est comme un doudou ! »

Paul

Ma chambre est à côté de celle de Sophie. Il m'est arrivé d'aller m'allonger sur son lit pour être un peu avec elle. Depuis, il arrive assez souvent qu'une amie de Sophie ou de Juliette séjourne à la maison et y passe la nuit. J'ai longtemps été hostile à l'idée que d'autres puissent occuper sa chambre. Au début, je voulais que nous gardions la chambre telle quelle. Qu'elle reste la chambre de Sophie et ne devienne pas une simple chambre d'amis. Avec le temps, je me suis rendu compte que nous n'allions pas « muséifier » cette chambre, en faire un mausolée. Mais il fallait laisser aussi sa trace avec sa décoration et ses posters affichés dans tous les sens.

Béatrice

Nous avons ressenti le besoin de remplir un peu la maison. Pas trop vite, mais pas trop tard non plus. Clémence, que Sophie avait rencontrée à Londres, nous a demandé si elle pouvait être hébergée chez nous durant un stage qu'elle effectuait à Paris. Nous la connaissions peu, mais nous ne pouvions lui refuser la chambre de Sophie. Il n'y avait qu'elle qui pouvait l'occuper.

François a toujours redouté d'affronter cette période de la vie où les enfants quittent peu à peu le nid. Déjà, le départ de Sophie dans une chambre d'étudiante avait été pour lui une vraie souffrance. Il ne pouvait s'empêcher d'aller voir sa fille au moins une fois par semaine. Il l'encourageait à revenir le plus souvent possible.

François n'a qu'une sœur. Je suis la sixième d'une fratrie de six enfants. Je crois que ceci explique cela. François a créé un clan.

Mystérieusement, depuis la mort de Sophie, notre maison est toujours remplie d'amis de passage, d'amies de Sophie ou de Juliette qui s'installent pour quelques mois ou même pour l'année, d'amis de Paul qui aiment bien venir travailler chez nous. La vie bat son plein à la maison, pour la joie de tous.

10

Le voyage en Guyane

François

Pour bien comprendre ce voyage, il faut revenir à l'accident et à la mort de Sophie. Dès que la nouvelle nous est parvenue, la question s'est posée : faut-il aller retrouver notre fille en Guyane ? Tout le monde nous disait alors qu'il était important que nous y allions voir le corps de notre enfant pour faire notre deuil.

La suite de l'histoire, c'est l'intervention de Christiane Taubira et la possibilité de voir le corps de Sophie rapatrié rapidement en France. Quelque temps plus tard, mon ami Vincent nous conseille de découvrir les lieux, les gens que Sophie a eu le temps de voir. Assez rapidement, je me range à cette idée tandis que Béatrice dit qu'il n'en est pas question : « Je n'ai pas envie. Je ne connais personne. J'ignore tout de ce pays. Cela va être épouvantable ! » Mgr Lafont, de passage à Paris, vient à la maison. Il nous parle un peu de l'accident et beaucoup de la

Guyane. C'est un homme amical et attaché à cette terre. Il nous explique que « le sang de Sophie a fécondé la terre de Guyane ». Ce genre de propos nous dépasse et nous réalisons qu'une partie de Sophie est bel et bien restée là-bas.

Puis un certain Charles Bruyer m'écrit avoir été bouleversé par l'accident de Sophie. Il a envie que l'on fasse quelque chose autour de sa mémoire en Guyane. Je me permets de reprendre contact avec l'évêque pour lui demander si le personnage est sérieux. Mgr Lafont me répond que c'est par lui que Charles Bruyer a eu mes coordonnées. Charles me dit que nous devons venir en Guyane parce que c'est important pour les Guyanais et que le destin brisé de Sophie ne peut se limiter à un fait divers, qu'il faut lui donner sens parce qu'une jeune fille croyante, enthousiaste, engagée peut en inspirer d'autres. Il est donc utile que nous venions voir comment l'exemple de Sophie peut servir aux jeunes.

Je reste un peu perplexe sur la place accordée à Sophie en Guyane alors qu'elle est arrivée à Cayenne le 11 juillet pour décéder le 17 : un temps très court pour devenir une icône.

À Cayenne, elle avait été accueillie, comme tous les JMJistes, à l'aéroport par l'évêque et les organisateurs. Puis le groupe auquel elle appartenait avait été dirigé vers Saint-Laurent-du-Maroni où il était pris en charge. Sophie y demeura jusqu'au 17, lorsque tous les jeunes Français devaient faire une visite au centre spatial de Kourou. C'est sur cette route que sa vie s'est arrêtée.

Charles me précise qu'ayant été en contact avec les jeunes chrétiens de Saint-Laurent-du-Maroni, il a constaté combien la mort de Sophie les avait affectés et combien son histoire les avait impressionnés. Ils ont envie de commémorer, d'une façon ou d'une autre, l'événement, avec l'élévation d'un monument sur les lieux de l'accident. À cette occasion, notre présence serait fortement appréciée. Je commence alors à vraiment apprivoiser cette idée.

À la Toussaint, il débarque à Paris. Nous le recevons et nous commençons à baliser le projet. Il a plein d'idées et déjà l'esquisse d'un programme se dessine, avec notamment une liste de personnes à rencontrer dont les jeunes et leurs responsables de Cayenne et de Saint-Laurent-du-Maroni. Il évoque le monument qu'il a imaginé et qui serait constitué d'un mégalithe d'environ deux mètres, dressé au kilomètre 194.

Christian de Cacqueray nous avait entre-temps mis en rapport avec un jeune peintre-sculpteur, Augustin Frison-Roche, dont la démarche est de renouveler l'art funéraire chrétien. En fait, nous étions en train de travailler à la tombe de Sophie. Pour l'heure, au cimetière du Montparnasse, il n'y avait encore qu'une plaque provisoire en béton. Augustin Frison-Roche imaginait un monument à dresser sur la pierre tombale. Béatrice et moi nous demandons alors s'il ne serait pas judicieux d'unir les deux projets. Ce que nous pensions pour Paris pourrait être copié pour la Guyane ; le même artiste et la même œuvre de part et d'autre de l'Atlantique. Cette idée est retenue et la mise en œuvre bientôt en place. Augustin travaille sur une croix inspirée du *Cristo Redentor*, la statue monumentale du Christ qui surplombe Rio de Janeiro. Cette même croix sera donc sur la pierre tombale de Sophie à Paris et sur le mégalithe en Guyane. Plus tard, dès qu'elle est réalisée, la deuxième croix est envoyée par bateau en Guyane.

Décision est prise de nous rendre sur place à l'occasion du premier anniversaire de la mort de Sophie pour organiser un temps de commémoration, de dévoilement de la stèle, de prière et de recueillement.

Nous recevons alors une lettre touchante de la logeuse de Sophie, à Saint-Laurent-du-Maroni. Elle nous écrit combien elle a été admirative de Sophie, et bouleversée par sa mort brutale quelques heures après l'avoir vue quitter sa maison. Entre cette femme et notre fille, le courant semble être passé facilement ! Cette lettre produit un certain effet sur Béatrice qui résiste toujours à cette idée de voyage. À la suite de plusieurs échanges, Béatrice déclare qu'il serait vraiment bien de faire sa connaissance sur place. Enfin un petit rai de lumière ! Lorsque nous nous décidons à fixer les dates, nous nous tournons vers les enfants pour savoir lesquels nous accompagnent. Juliette et Paul sont aussitôt partants ; Matthieu prononce un « non » catégorique. À nous quatre, nous ajoutons mon ami Vincent et Véronique, la marraine de Paul et amie proche de Béatrice. Le départ est fixé au 18 juillet 2014, juste après une messe anniversaire à Saint-Léon. Il n'empêche que Béatrice traîne des pieds de plomb. Je ne cesse de la rassurer : « Ne t'inquiète pas ! Tout va bien se passer ! » Je suis gonflé à bloc.

Je vais découvrir sur place l'incroyable engagement de Charles et de quelques autres qui nous prennent en charge totalement, gratuitement. Je suis impressionné de voir que Sophie a inspiré tant de générosité. Nous aurions été indignes de ne pas aller là-bas. J'étais redevable de toutes ces marques d'affection, de fraternité et d'amour.

Dès avril 2014, j'avais écrit à Christiane Taubira pour lui signaler notre projet de voyage en Guyane. Elle m'avait alors répondu : « Je n'avais pas prévu d'être là-bas à ces dates, mais sauf s'il y a une urgence en métropole, je vais essayer d'être en Guyane en même temps que vous. » Pendant trois mois, j'ai été en contact avec son cabinet pour arranger et peaufiner les choses et, finalement, la ministre a tenu promesse. Elle invitera même Valérie Fourneyron. La présence de ces deux personnalités donne à notre voyage une dimension qui dépasse celle que nous avions envisagée. Et en effet, lorsque nous débarquons à Cayenne, Christiane Taubira nous accueille à notre hôtel avec le préfet. Buffet, apéritif, petit message... Nous, nous sommes littéralement épuisés par le voyage, mais cela ne nous empêche pas d'apprécier ces marques de prévenance, malgré leur caractère officiel.

Le programme est vraiment millimétré. Premier jour, nous prenons la Nationale 1, la route fatale. Chaque kilomètre est marqué et nous savons que l'accident a eu lieu au point kilométrique 194. Au fur et à mesure que nous voyons défiler les kilomètres et leurs indications, notre angoisse monte. À 120 km environ, nous arrivons à Iracoubo, l'une des dernières villes avant le lieu de l'accident. Nous profitons de cette étape pour visiter une superbe église où le prêtre, apprenant qui nous sommes, exprime son émotion à propos de Sophie. Nous prions ensemble. Sur cette route, c'est un lieu de ravitaillement spirituel. Auprès de ce prêtre, nous ressentons cette fraternité qui va nous accompagner tout au long de notre séjour. Les kilomètres défilent comme autant de numéros de stations d'un long calvaire.

Nous arrivons enfin sur les lieux de l'accident. Béatrice a du mal à sortir de la voiture. Nous marchons, nous errons sur le bas-côté. Ne connaissant pas la Guyane, j'avais en tête des paysages assez désertiques et des pistes mal entretenues. Sans doute l'image véhiculée par le bagne de Cayenne et ses casseurs de cailloux ! Nous sommes dans un département français avec toutes les infrastructures de la métropole, ses zones commerciales, ses aménagements de villes côtières, et même ses radars routiers !

Ici la route est droite, parfaitement goudronnée et traverse un paysage luxuriant. Je pensais à une route dangereuse avec des virages difficiles et je découvre une nationale toute droite. Nous pourrions être entre Rennes et Tours !

Une croix est posée là, dont Mgr Lafont m'avait envoyé une photo. Elle a été déposée à l'endroit de l'accident par le père Hermann, vicaire de Saint-Laurent-du-Maroni, qui avait accueilli le groupe de

Sophie. Il est le premier Guyanais à avoir été ordonné prêtre depuis trente ans. C'était en 2007. Il est issu d'une famille de chrétiens protestants évangéliques. Jeune homme, il avait été très affecté par la mort d'une ses sœurs. Comme chez les évangéliques on n'a pas le culte des morts et que les rites sont rares, son père n'avait pas souhaité entretenir le souvenir de cette sœur. Et surtout pas de croix ! Pour le jeune Hermann, ce refus catégorique avait été perçu comme un drame. Il est le premier à être venu sur place pour déposer cette petite croix et des fleurs. Nous avons compris qu'il avait accompli là le geste qu'on lui avait interdit de faire pour sa propre sœur.

Sur place, nous prenons un peu de cette terre rouge guyanaise – conservée aujourd'hui dans notre salon – et, bien sûr, nous voyons la stèle encore recouverte d'un drap puisque l'inauguration aura lieu le lendemain. Le temps est superbe. Il fait beau, mais pas trop chaud. Nous sommes assez détendus, un peu comme après l'ascension d'un col qui permet d'arriver à un but et de découvrir un nouveau paysage. Nous nous rendons ensuite à Saint-Laurent-du-Maroni où nous déjeunons avec le sous-préfet. Nous rencontrons les médias avant de faire la connaissance de Céline, la logeuse de Sophie, une institutrice, qui élève seule ses deux enfants. Elle nous raconte les derniers jours, un orage, un soir, qui avait inquiété assez Sophie pour qu'il ait été nécessaire de la rassurer. Céline, dans son rôle de mère de famille, avait donné toute une série de recommandations, avant que Sophie monte dans le bus, vers sept heures du matin.

Nous avons un peu de temps devant nous et Charles a prévu un tour en pirogue sur le fleuve Maroni. Puis nous rencontrons les membres d'une association locale où s'était aussi rendue Sophie, ainsi que les mères de famille qui avaient reçu les jeunes Français et enfin les pompiers qui sont intervenus sur les lieux de l'accident.

Le soir, deux cents jeunes chrétiens sont rassemblés, à l'occasion des « Holy Days », un an après les JMJ. Mgr Lafont et Béatrice ont rédigé un fascicule qui sert de base à la réflexion et à la prière, et constitué d'informations autour de Sophie. Le témoignage de notre fille est devenu le tremplin de la catéchèse de ces jeunes, le temps d'un week-end. Parfois je me demande si je ne rêve pas. Cette mort apporte des fruits sur cette terre. Nous vivons une superbe soirée où nous avons l'occasion de répondre à des questions posées par des jeunes, de chanter avec eux, dans un enthousiasme de foi dynamisant.

Le lendemain, dimanche, une messe avec Mgr Lafont clôture les « Holy Days ». Nous vivons aussi un moment émouvant : à la mort de Sophie est associée la mort d'une religieuse décédée cinq mois après elle, jour pour jour, et qui s'occupait des enfants et des jeunes. Elle les accompagnait pour la fameuse visite à Kourou et se trouvait dans le bus qui suivait celui de Sophie. Cette sœur nous avait envoyé un mot de sympathie. Un matin, elle a été renversée par un bus. Elle est morte sur le coup, provoquant une nouvelle et triste émotion à Saint-Laurent, et spécialement dans la communauté catholique de la ville, décidément durement éprouvée.

À l'issue de cette célébration, nous rencontrons le chauffeur du bus qui conduisait au moment de l'accident. Il a été blessé et n'a repris son travail que depuis peu. Nous sommes également présentés aux deux femmes propriétaires de la compagnie de transport. Elles nous expliquent qu'elles avaient acheté trois nouveaux bus et les avaient réservés pour le transport des jeunes français depuis Saint-Laurent jusqu'à Rio. Les bus étaient donc flambant neufs, et j'ai pu voir, sur l'épave conservée dans un hangar, que des plastiques de protection étaient encore fixés à des accessoires du bus éventré. J'ai dû corriger l'image du bus vétuste que j'avais en tête, associé à mes piètres clichés sur l'état du pays. C'est une des multiples choses qu'il était bon de voir sur place. Arrive alors l'hélicoptère de Christiane Taubira et de son service de sécurité. Elle a tenu sa promesse d'être là. Je suis impressionné. Et après la ministre, d'autres officiels, dont le préfet. Tout ce petit monde vient s'asseoir à côté de nous dans l'église pour assister à la messe, qui sera à la fois belle et recueillie. À la sortie, le chauffeur de bus m'annonce que c'est lui qui va nous conduire sur place. Un nouveau convoi s'ébranle. Plusieurs bus, les voitures officielles, la presse, la police... Le grand jeu ! Au bout de trois quarts d'heure, nous sommes au kilomètre 194. Il est 12 h 30. Il fait chaud. On attend des jeunes Guyanais en retard. Puis les discours : celui de Mgr Lafont ; celui de Charles Bruyer ; de Christiane Taubira, laquelle s'est imprégnée de l'histoire de Sophie et va jusqu'à citer Paul Éluard. Je prends également la parole. Des chants montent. Ce n'est pas un moment triste. Je suis rempli de reconnaissance. Sophie est décédée un an auparavant et elle n'est pas oubliée. Tant de gens sombrent rapidement dans l'oubli et dans l'indifférence. Sophie laisse une petite lumière et cela donne sens à sa vie. Peut-être même à sa mort.

En fin de journée, alors que tout le monde est rentré, nous nous retrouvons sur une plage près de Mana. C'est un peu surréaliste, mais nous sommes dans une ambiance de vacances. Nous nous baignons même. Nous sommes vraiment bien, et le dîner sera empreint d'une vraie allégresse. Nous avons vraiment besoin de souffler après tant d'émotions !

Les enfants ont été remarquables. Je les ai perçus parfois tristes, graves, mais heureux d'être là. Nous passons la nuit à Saint-Laurent-du-Maroni et, le lundi, nous allons à Cayenne. Charles a prévu pour nous une visite du centre de Kourou. Valérie Fourneyron est avec nous. À l'issue de cette visite – que Sophie n'aura pas faite –, nous sommes reçus par les dirigeants du centre. Nous déjeunons à Cayenne en compagnie de Valérie, de quelques personnes du diocèse puis, l'après-midi, j'ai des rendez-vous pour régler des questions administratives et judiciaires car, un an après l'accident, rien n'est encore réglé dans les procédures entamées. L'enquête n'a pas vraiment abouti. On ne sait toujours pas exactement ce qui s'est produit. Sur une route droite, un camion semble s'être déporté de sa route pour heurter le bus qui venait en sens inverse. Pourquoi ? Comment ?

L'État s'est porté partie civile et les responsabilités ne sont toujours pas totalement établies. Je suis également partie civile et j'ai porté plainte contre X afin d'obtenir des explications. Je n'ai jamais été habité par un sentiment de haine à l'encontre d'un éventuel responsable de l'accident. Le jour de l'enterrement, un Guyanais s'était présenté comme le directeur de l'entreprise dont l'un des camions a provoqué l'accident. Il était venu jusqu'à Paris pour nous exprimer ses regrets. J'ai trouvé cette démarche courageuse. Je n'avais, à son égard, et à l'égard du chauffeur du camion, aucune rancœur. Depuis, j'ai appris que ce directeur avait licencié son chauffeur, et je n'ai plus jamais eu de nouvelles de lui. Je ne sais que penser, mais je n'en veux vraiment à personne.

Selon Mgr Lafont, l'histoire de Sophie a un véritable impact sur les jeunes de Guyane. Il dit que son exemple portera des fruits. Pourtant Sophie n'a pas eu le temps de faire quoi que ce soit d'exceptionnel lors de son court passage. Elle suivait le groupe. Sa mort et le pourquoi de sa présence sur cette route, la foi qui l'a conduite jusque-là, voilà ce qui a marqué les gens. Tout cela est devenu un encouragement.

Avec tout cela en toile de fond, on peut comprendre l'étendue de l'impact émotionnel de l'accident. Pour les Guyanais, la mort de Sophie est doublement perçue comme un drame. La fête est gâchée. Il était donc bon de gommer toutes les craintes et de manifester une certaine solidarité, même si nous étions les premiers frappés par ce drame. Peu après avoir appris les circonstances de la mort de Sophie, j'ai été poussé à adresser un court message aux autorités civiles et religieuses de Cayenne. Ce texte spontané, (je me demande encore comment j'ai eu l'énergie de l'écrire !), a eu un vrai impact sur les Guyanais. Le maire de Cayenne l'avait publié, il avait été lu dans toutes les paroisses, la presse en avait publié des extraits.

Les Guyanais se sont sentis considérés avec attention et même affection. Naturellement, mes propos n'étaient pas calculés. C'est pourquoi j'affirme avoir été guidé d'En Haut pour agir avec cette bienveillance et cette sagesse qui me dépassaient. Dans l'état d'effondrement moral qui était le mien, je ne pouvais de moi-même avoir une telle lucidité. Charles m'a confié, plus tard : « Ce mot nous est allé droit au cœur. Tout le monde a été touché que le père et la famille de la victime puissent mettre de côté leur peine pour dire qu'ils priaient pour nous. Cela nous a fait tellement de bien que tous avaient envie d'en faire autant pour vous. »

Paris, le 18 juillet 2013.

Chers amis de la Guyane,

Vous avez accueilli à bras ouverts notre fille Sophie sur votre terre. Depuis qu'elle était avec vous, elle ne cessait de nous parler de votre joie et de votre gentillesse.

Sophie était joyeuse et gentille, bonne comme vous.

Certains d'entre vous ont été les derniers à la voir avant que le Seigneur ne la rappelle à elle.

Nous voulions vous remercier depuis le drame pour votre solidarité : les médecins, les secouristes, les autorités et les personnels administratifs, les autorités religieuses.

Et vous remercier tous pour vos prières et vos pensées qui nous soutiennent dans l'épreuve.

Continuez de prier pour elle, pour nous, pour les blessés, pour les jeunes des JMJ, pour le pape François.

Sophie quittera votre terre samedi soir. Compte tenu de ce court délai, il nous est impossible de venir vous rejoindre avec nos trois autres enfants.

Mais nous sommes unis avec vous en un lien puissant, celui de l'Amour des hommes et de l'Amour de Dieu.

Nous vous serrons tous dans nos bras aimants. Vous garderez à jamais dans votre cœur le sourire de Sophie.

François, Béatrice,
Juliette, Paul et Matthieu Morinière.

Juliette

Pendant toute l'année qui a suivi la mort de Sophie, j'ai souvent évité de montrer aux parents mes moments de chagrin. Je voulais les protéger. Je me suis plutôt confiée à des amies. Devant elles, je pouvais pleurer. La perspective du voyage en Guyane me faisait un peu peur parce que là-bas, je ne pouvais pas me cacher. Heureusement, sur place, les choses se sont parfaitement passées. J'étais étonnée de constater combien tout le monde semblait nous connaître. Dans le quotidien local, *France-Guyane*, on avait titré à la une : SOPHIE : UN AN APRÈS, SA FAMILLE EST SUR PLACE. Dans la rue, j'ai parfois été interpellée par des jeunes : « Tu es la sœur de Sophie ? Je peux me prendre en photo avec toi ? » Le moment le plus émouvant a été de passer sur les lieux de l'accident pour la première fois. On distinguait encore les traces de pneus sur le goudron et même des débris sur le bord de la route. Cela n'a pas été totalement nettoyé un an plus tard. On réalise assez bien ce qui a pu se passer.

Voir les lieux n'a pas été un moment joyeux, mais c'était important, afin de mieux réaliser ce qui s'était passé. Chacun a donc vécu ce moment à sa façon. Certains ont marché sur le bord de la route, d'autres se sont arrêtés devant une petite croix...

Tout était calme. Ce qui n'avait pas été le cas un an plus tôt. J'ai alors pensé à l'accident. Anne-Lorraine était *the* amie de Sophie durant ce dernier voyage. Sophie était la seule fille du groupe qu'Anne-Lorraine connaissait, et, du coup, elles sont restées souvent ensemble. La mort de Sophie a été un choc terrible pour elle, qui a vécu la suite des JMJ avec une tristesse profonde.

Pour les autres jeunes, ce fut une expérience traumatisante. Plusieurs ont été blessés et certains assez grièvement. Il y avait d'autres jeunes dans les deux bus qui suivaient. Selon les témoignages, c'était une scène de film tragique : le bus éventré, le camion déchiqueté, des corps allongés partout, puis des dizaines d'ambulances, les pompiers, la police... Immédiatement, il y eut un énorme mouvement de solidarité. Une fille m'a raconté qu'elle était dans le bus accidenté et qu'elle a vu un garçon blessé. Elle s'est aussitôt occupée de lui. Puis elle s'est aperçue qu'elle saignait elle aussi. Elle n'avait pas senti la douleur, mais elle était encore plus blessée que le garçon qu'elle avait soigné. Elle s'est évanouie alors que les secours arrivaient.

Tous les jeunes ont été témoins de scènes épouvantables qui se sont imprimées en eux. Il était impossible pour eux de vivre ensuite les JMJ à Rio sans avoir ces images en tête. Aussi le fait qu'au moment de l'ouverture des JMJ, le pape François ait demandé un temps de recueillement et de prière pour Sophie Morinière, pour la délégation française, pour les blessés, a été pour chacun d'eux un profond réconfort. Des milliers de croyants, dans un silence impressionnant, ont ainsi prié pour eux, sans oublier tous ceux qui ont vu ce moment à la télévision. Le nom de Sophie a ainsi été entendu dans le monde entier.

On sait ce qu'est l'organisation d'un tel événement. J'étais allée aux JMJ de Madrid et j'avais été impressionnée par la machine de guerre et son efficacité. Chaque minute est préparée depuis des semaines. Il y a tant de jeunes et tant de choses à prévoir, à anticiper, à régler ! C'est dire que l'accident des Français, les blessés et la mort de Sophie ne pouvaient être ignorés au sommet de la pyramide. Et voilà que le pape décide d'en parler et de demander un temps de prière pour Sophie. C'était si inattendu.

Les jeunes Français n'en croyaient pas leurs oreilles et, naturellement, se sont sentis reconnus dans leur peine. Les prêtres présents m'ont dit que l'émotion et le silence étaient immenses et que, sur cette plage noire de monde, on aurait entendu une mouche voler.

Pour les Français, en particulier les Parisiens, le voyage a pris une tournure singulière. L'accident les a soudés. À Rio, ils ont tous décidé de vivre les JMJ à fond parce que c'est aussi cet événement qui pouvait les regonfler, les stimuler et surtout les empêcher de sombrer dans la peine. Il ne s'agissait pas d'oublier, mais de donner à ces JMJ une intensité nouvelle. Pour eux aussi, il y eut un avant et un après. Ils avaient besoin d'être ensemble. Et comme la mort de Sophie était connue de tous les JMJistes du monde entier, ceux-ci, quand ils rencontraient les Français, avaient de touchantes marques d'affection et de fraternité.

Au kilomètre 194, un an plus tard, le paysage est bien différent. L'heure est désormais à l'inauguration de la stèle. Beaucoup de monde s'y presse : Christiane Taubira, des personnalités locales, de nombreux Guyanais, beaucoup de jeunes. Ce qui m'a impressionnée, c'est combien les Guyanais peuvent rendre joyeux chaque instant. Même un chant triste ne le reste pas. Ils ont une façon de bouger qui crée une ambiance gaie. J'ai rencontré des gens qui avaient vu Sophie, et qui m'en parlaient comme d'une vieille connaissance !

Dès le début de la rencontre, Mgr Lafont a insisté pour dire que le deuil était levé et que nous n'étions plus là pour pleurer mais pour commémorer. « Cette stèle n'est pas un mémorial, mais un phare. Sophie nous éclaire. » C'est ainsi qu'il a donné le ton et tout s'est terminé dans la joie et la reconnaissance. Sophie n'était pas morte depuis un an, mais elle était auprès de Dieu depuis un an. La perspective est différente. L'emplacement de la stèle, proche de la route, est bien choisi parce qu'elle est visible de loin, la route qui monte et qui descend la surplombe. L'endroit est beau, parfait.

Le passage des JMJistes était une opportunité pour les Guyanais. L'accident les a beaucoup attristés parce qu'ils se sont dit : « Plus personne ne voudra venir chez nous ! Ils sont venus dans la joie et ils repartent dans le deuil. Ils vont nous en vouloir ! » Que nous soyons venus un an plus tard, avec le projet d'établir des passerelles, les a réconfortés. Et ils nous le manifestaient avec cette force et cette spontanéité qui sont les leurs. Sophie a dû entrer facilement dans cette culture, elle qui était avenante, pénétrant sans effort dans l'intimité des gens qu'elle approchait.

Paul

L'accident et la mort de Sophie étaient tellement irréels pour moi que j'avais besoin de détails, d'images, pour que l'incroyable et l'insupportable puissent s'inscrire en moi. On a tellement tendance à refuser l'évidence ! Quand j'ai exprimé ce besoin, on me disait d'éviter de trop imaginer ou de trop focaliser mon attention sur les faits. Du coup, j'ai suivi ce conseil en laissant filer les choses. Mais je n'étais pas satisfait pour autant, et l'idée d'aller en Guyane m'a tout de suite paru une bonne idée. À l'inverse de Matthieu, j'avais envie de découvrir cette terre que Sophie avait vue avant de mourir, ainsi que la route de l'accident. Juste avant le voyage, j'étais en stage et je n'avais guère le temps d'y penser. La veille même du départ, une magnifique messe anniversaire pour Sophie a été célébrée. Le lendemain, je suis enfin entré dans la réalité du voyage. Il était temps puisque nous étions à l'aéroport.

Arrivés à Cayenne sans encombre, nous sommes reçus comme des personnalités – que nous ne sommes pas. Je découvre ensuite que ce voyage est quelque peu récupéré par les politiques. Les jours suivants, plusieurs rencontres officielles ont lieu, fastidieuses, fatigantes et, pour nous, sans aucun intérêt. L'un des points qui m'avait poussé à venir sur place était de comprendre pourquoi les jeunes Guyanais avaient été autant impressionnés par le passage de Sophie. Car, en comptant bien, Sophie n'avait vécu que trois ou quatre jours dans ce pays. Mais en rencontrant l'accueil, l'enthousiasme, la simplicité des jeunes, j'ai mieux compris.

Puis nous faisons la connaissance de Céline, la femme qui avait logé Sophie, une personne extraordinaire. Face à elle, nous nous trouvons bien petits. En la voyant avec ses enfants, on peut imaginer à quel point Sophie s'était fondue dans cette famille jusqu'à en faire pleinement partie en l'espace de trois jours. C'est tout simplement fascinant. On trouve chez eux une douceur, une gentillesse, un amour qui font que nous n'avons qu'une envie : y plonger totalement. Sophie, telle que je la connais, était sûrement en parfaite communion et harmonie avec ces gens. J'imagine à quel point ses derniers jours ont été heureux.

Si elle n'est pas allée jusqu'à Rio, elle a bien eu ses JMJ, ses « Journées Merveilleusement Joyeuses » !

11

L'effet médiatique et ses conséquences

François

Quand notre histoire a commencé à intéresser les médias, je ne l'ai pas pris comme une intrusion. Je dirigeais un journal et j'ai trouvé normal que chacun fasse son travail. Le sujet a été bien traité, sans voyeurisme et avec bienveillance. La dimension chrétienne vécue par Sophie a été relatée avec justesse, ce qui était logique puisque cela faisait partie de sa vie et de sa mort.

L'accident en Guyane aurait pu passer inaperçu ou presque. Parce que, hélas, des accidents de cars, il s'en produit régulièrement et certains sont spectaculaires. Or, dans celui qui a bouleversé notre vie, il n'y avait que – si j'ose dire – un seul mort. L'actualité politique et économique était un peu en sourdine et les faits divers prennent alors nettement plus de place. Sans compter que les JMJ font bouger les médias, et que le nouveau pape suscite beaucoup de curiosité.

Le réseau catholique a fonctionné à plein. Sophie avait accepté d'être une sorte d'envoyée spéciale pour Radio Notre-Dame et devait chaque jour enregistrer et envoyer une chronique sur cette antenne ne pouvait ignorer sa disparition. Les réseaux sociaux dans lesquels les JMJistes s'exprimaient beaucoup ont aussi joué un rôle prédominant. Cependant, la résonance pouvait être éphémère, et cela n'a pas été le cas. Il y avait un peu plus qu'un triste fait divers. Cette histoire nous a échappé.

Un très cher collègue de bureau m'a dit un jour : « Je connais un éditeur qui aimerait que tu racontes l'histoire de Sophie. » Je n'avais pas du tout cette idée en tête. Peut-être me serait-elle venue dans dix ans, ou jamais. Finalement les choses ne se sont pas enclenchées avec cette maison d'édition. « Qu'à cela ne tienne, insiste mon collègue, j'en connais un autre qui, lui, sera plus que partant. » C'est ce collègue juif qui me met alors en contact avec un éditeur catholique, lequel me fait travailler avec un journaliste protestant !

En 2005, les JMJ avaient lieu à Cologne. Cent vingt jeunes sont partis à vélo de Notre-Dame de Paris pour rejoindre Cologne. Hélas, en route, une jeune fille, Marie Mauvisseau, a été renversée par un engin agricole et elle est décédée sur place. Après l'annonce de la mort de Sophie, ses parents, Olivier et Catherine, sont entrés en contact avec nous, ont assisté aux funérailles ; nous sommes devenus proches.

Je comprends les personnes qui, perdant un enfant, chancellent et sombrent. Même des croyants peuvent passer par ces moments d'effondrement et de doute. Je sais que certains perdent la foi et se rebellent contre Dieu. Je le comprends, mais ce n'est pas mon expérience. J'ai flanché, mais je suis resté debout. Pas tout seul. C'est peut-être la solitude dans le drame qui fait que l'on sombre. Personne n'a en lui assez de ressources pour éviter la noyade sans un double recours et secours : Dieu et les autres.

Voilà mon témoignage. Je ne suis ni un surhomme, ni un saint. Entre celui qui ne croit pas et qui perd un enfant, et celui qui croit, qui perd un enfant et perd aussi la foi, ce dernier connaît une double peine.

Dans des moments de grande dépression, l'angoisse devient insupportable et des idées morbides viennent se glisser en vous. Par exemple, cette étrange pensée : la mort me permettrait de retrouver Sophie ! Je pense alors à mes enfants, à mon épouse. Bien des garde-fous sociaux, éducatifs, religieux vous retiennent. Quand on dévisse en montagne, on se sent partir et, soudain, un choc : le point d'ancrage qui joue son rôle de sécurité... Mais on a eu le temps de se sentir partir, happé par le vide.

Souvent me vient l'image d'un magnétophone. On aimerait rembobiner la bande et revenir là où la musique était belle. Mais ma vie n'est pas ainsi, et la marche arrière n'existe pas.

Ma foi catholique me protège. Sophie ne peut pas espérer que je la rejoigne de cette façon. Et le Dieu qui l'a inspirée ne peut souhaiter ma mort. Je pense que Sophie agit toujours. Si nous prions les saints, c'est parce que nous croyons qu'ils agissent aussi sur nous, les vivants. L'amour que Sophie nous portait continue aujourd'hui.

Que les choses soient ainsi ou pas, la mort et notre rapport à la mort demeurent un mystère que nous essayons de résoudre avec les éléments qui sont à notre portée.

Béatrice

Lorsqu'un article relatant notre expérience de famille en deuil paraît dans *La Croix*, dans *L'Express* ou ailleurs, j'ai envie de devenir une petite souris et de me cacher dans mon trou. Force est de constater qu'à chaque fois qu'un article paraît, nous recevons des témoignages de personnes, amis et inconnus, qui nous disent que notre histoire leur fait du bien. Si cela peut être utile, alors je suis prête à reconnaître l'intérêt de notre témoignage.

François, en travaillant à *L'Équipe*, est à l'aise dans le monde des médias. Ce n'est pas mon cas. Après la mort de Sophie, c'est vers François que les journalistes se sont tournés. Il a pris la parole lors des célébrations et a des facilités pour le faire. Je me suis réveillée un matin en me disant qu'il serait bon que notre histoire soit entendue comme l'histoire d'un couple et d'une famille, car c'est bien à deux, voire à cinq, que nous vivons le drame. J'avais soudain envie de m'exprimer. François était d'accord que mes mots enrichissent les siens.

Le 6 mars, à l'occasion de la messe anniversaire de Sophie, j'ai pour la première fois pris la parole, et j'ai senti mes forces décupler alors que j'étais devant cinq ou six cents personnes. C'est devenu véritablement une histoire à deux voix. Ainsi, lorsque le magazine *La Vie* nous a sollicités, nous avons répondu ensemble. Plus tard, c'est le quotidien *La Croix* qui s'est approché de moi, en ne souhaitant que mon témoignage personnel. J'étais prise à mon propre jeu, si j'ose dire ! François m'a encouragée : « Maintenant, tu sais faire, vas-y ! » Le fardeau – qui n'est pas léger –, nous le portons ensemble, et donc « dire ensemble » devenait évident. Sophie est désormais un personnage public, depuis la minute de prière silencieuse demandée par le pape François à Copacabana. Aujourd'hui, nous sommes embarqués mais pas dépossédés.

François

Sophie a également inspiré son école qui a organisé un hommage, à l'occasion de la remise des diplômes de sa promotion, en décembre 2014. Quelques personnes de notre entourage nous ont dit qu'en acceptant de nous joindre à cet événement, nous nous faisions du mal, mais, au-delà du rappel douloureux, d'autres enjeux nous ont semblé importants, comme la mise en place d'une bourse qui portera le nom de Sophie, destinée à des étudiants handicapés. Par ailleurs, des liens nouveaux et des échanges ont été envisagés entre la Guyane où elle est décédée, le centre spatial de Kourou et son école.

12

Et demain ?

Juliette

Aujourd'hui, je vais aussi bien que possible. Cependant surgissent sans crier gare des moments de blues. Je passe dans ma chambre plusieurs fois par jour devant des photos de Sophie sans que cela produise quoi que ce soit, et, soudain, l'une d'elles me plonge dans un souvenir et je me dis : « On ne fera plus jamais de photos ensemble ! On ne fera plus jamais rien ensemble ! Je ne verrai plus jamais son sourire… » Je suis alors plombée… Puis, cela passe ! Alors, tout va bien, je vis ma vie intensément et rien ne survient pour en casser le rythme jusqu'à ce que, brusquement, j'aie envie de pleurer ; alors, je pleure ! C'est brutal, inattendu, sans signe avant-coureur. On dirait une averse soudaine en pleine journée de printemps, une giboulée de nostalgie.

Il m'arrive souvent d'enfiler une de ses robes, de me regarder dans la glace et l'image de Sophie se superpose : « Plus jamais Sophie ; c'est fini ! » D'autres moments peuvent comprimer mon cœur, lorsque je vis des choses nouvelles dont je ne peux plus parler avec elle. J'avais tant l'habitude de discuter avec elle, de rechercher son avis que je suis orpheline de cette complicité.

Aujourd'hui, certaines choses me font peur, notamment les accidents de la route. À chaque fois qu'un proche part en voyage, je ne lui avoue pas que j'ai peur, mais je prends grand soin de bien lui montrer mon affection, de lui dire au revoir, et de le laisser partir sans qu'il y ait entre nous le moindre contentieux. Lorsque papa voyage quelques jours, je suis habitée de craintes que je n'avais pas avant. Je fais souvent un cauchemar dans lequel un autre membre de la famille disparaît. Mais au-delà de ces appréhensions et paradoxalement, je suis confiante. Je me dis que si, dans la déchirure terrible qui a été la nôtre, Dieu a pu nous accompagner de façon tangible, j'ai alors la certitude qu'il ne me lâchera pas si d'autres événements tragiques devaient survenir.

Oui, des choses nous échappent, mais ce n'est pas nécessairement pour notre malheur car elles ouvrent notre attention à Dieu. Dieu est omniscient, il sait ce qui va se passer. Si nous lui laissons la place pour qu'Il agisse, alors Il agit et toujours pour le mieux. Dieu, sachant ce qui allait se passer sur la route nationale 1 de Guyane, a anticipé et a placé des personnes qui vont surgir ensuite au bon moment. Ce sera du hasard pour certains, mais j'ai désormais une autre lecture des événements. Par exemple, nous avions prévu d'aller au Canada en août, avec Sophie. Nous y sommes allés sans elle et là-bas nous avons fait des rencontres édifiantes.

En famille, nous attachons beaucoup d'importance aux dates que nous marquons d'une façon ou d'une autre. Je pensais que c'était ainsi partout, mais non. À la maison, chaque anniversaire est une vraie fête. Anniversaire, fête du jour comme Sainte-Sophie ou Saint-Matthieu, fête des Pères ou des Mères... Tout est prétexte à faire plaisir, choyer, offrir des cadeaux. Concernant Sophie, nous ne pouvons pas oublier ces dates. En même temps, nous savons bien que ses amis ne vont pas venir à la maison chaque 6 mars ! L'an dernier, une messe spéciale a été célébrée le 6 mars, avec Mgr Barbarin. Il y eut nettement plus de monde que pour un anniversaire normal. C'était super ! Mais nous n'allons pas perpétuer ainsi la chose pendant trente ou quarante ans. Il faut bien que l'on se fasse à l'idée que le temps passe, l'on ne vit pas avec des souvenirs. Ceux qui ont connu et aimé Sophie la gardent au fond de leur cœur.

Après sa mort, les gens voulaient éviter le sujet Sophie par crainte de nous faire mal. En fait, le silence est de la discrétion, sinon du malaise. La plupart des gens ne savent que dire. Désormais, quand des personnes autour de moi perdent un être cher, je sais un peu mieux agir en me rappelant de ce qui m'a fait du bien. La simplicité s'impose. On peut toujours poser la question : « Vous voulez qu'on en parle ? » Ce qui m'amuse presque, ce sont les gens qui viennent vers moi à tâtons et qui demandent, tout doucement, si Sophie ne me manque pas trop et comment je vais. Ces petites attentions sont vraiment touchantes : c'est un bon équilibre entre l'attitude de ceux qui n'en parlent pas et ceux qui s'immiscent trop dans votre vie alors que vous les connaissez peu.

Paul

Quand mes amis les plus proches me demandent comment je vais, comment je me sens, j'ai l'impression que cette question ne veut rien dire. Je dois vivre avec ou plutôt sans, voilà. Mais je me sens aussi capable de vivre avec cette blessure qu'est le manque de Sophie, et avec la richesse de son exemple.

Avec les parents aujourd'hui, j'ai l'impression que nous parlons moins de Sophie, et cela me convient plutôt bien. Mais j'ai comme un regret de ne pas en parler plus avec des amis qui ne reviennent quasiment jamais sur le sujet. Par ailleurs, avec ma meilleure amie que je connais depuis la classe de seconde, nous parlons de Sophie et j'aime cela. Avec elle, j'en parle sereinement et cela me fait du bien. Peut-être est-ce parce que auprès d'elle je n'entre pas dans la même émotion qu'à la maison. Peut-être aussi parce que je me sens moins vulnérable auprès de cette amie, et qu'auprès d'elle je peux sortir de ma carapace.

Je peux aussi parler de Sophie sans tristesse quand je participe pour elle à des célébrations, par le chant. Je me sens en parfaite communion avec elle et avec Dieu, pour offrir du beau à Sophie et à ceux qui l'ont aimée. Oui, là, nous pouvons parler de Sophie dans le bonheur et la liberté.

J'ai également découvert autre chose. Pendant tout un temps, lorsque je ne me sentais pas bien, j'avais le sentiment que cela venait de la mort de Sophie. Comme si elle était le seul motif de ma souffrance et de mon mal-être. Par exemple : « Si tu es si mal, si tu es si mauvais en cours, c'est parce que ta sœur est morte et que tu n'en guéris pas. » Maintenant, je crois que ce raisonnement est fallacieux. La mort de Sophie n'est ni la cause de tout, ni l'excuse à brandir. C'est là un danger réel et il a fallu que je m'en rende compte. Il existe d'autres causes à mon manque de concentration ou à ma mauvaise forme.

Les dates comme l'anniversaire de Sophie (le 6 mars) ou la date de sa mort (le 17 juillet) ne sont pas des moments redoutés. Pour moi, c'est l'occasion d'une petite introspection pour voir où j'en suis par rapport à cela. Qu'est-ce qui va ? Qu'est-ce qui ne va pas ? Il nous faut, en famille, trouver un juste milieu entre le fait de vouloir ponctuer les anniversaires de façon forte, et le risque d'effacer. Nous n'allons pas faire dire des messes à chaque occasion, ni fêter Sophie pendant quatre-vingts ans ! Mais nous devons aussi penser à ceux qui pensent à elle. La formule idéale est compliquée à trouver. Nous, la famille, nous ne risquons pas d'oublier, mais les amis de Sophie poursuivent leur vie avec d'autres liens. Nous ne pouvons pas les charger de Sophie tout le temps. Ni leur en vouloir s'ils s'éloignent de son souvenir.

Béatrice

Un fait m'a marquée. C'était quinze jours avant sa mort et Sophie passait son dernier week-end à Paris. Elle devait aller à la dernière messe de préparation aux JMJ en l'église Saint-Léon. Juliette était en pleine période d'oral de concours avec un emploi du temps chargé et retournait sur le campus le soir. Sophie a préféré aller deux fois à la messe ce dimanche-là, y retournant pour accompagner sa sœur, ne pouvant envisager une seconde que Juliette s'y rende seule.

Je vais de bon cœur et bien volontiers à la messe le dimanche. Mais jamais je n'aurais l'idée d'y aller deux fois ! Quand j'ai appris cela quelques jours après la mort de Sophie, par Juliette, j'ai été bouleversée. Je me suis dit qu'elle avait compris l'essentiel : la rencontre du Christ dans l'eucharistie et la dimension communautaire. Aujourd'hui, non seulement je ne participe plus à la messe de la même façon – la communion des saints dans l'eucharistie est devenue tangible, presque physique –, mais j'ai réussi à accepter que ma propre fille m'évangélise, que les rôles soient inversés. Pour moi, c'est une expérience humaine et spirituelle qui n'a pas été facile…

La mort de Sophie m'a également appris à décoder les signes. Assez rapidement, on m'a offert deux livres qui témoignaient de l'action des morts dans le quotidien des vivants, comment ils agissent concrètement dans notre propre vie si on les y invite. J'avoue avoir été fort peu réceptive à ce genre d'ouvrage ! Cependant, dans les deux cas, les auteurs constatent que l'intercession des défunts les aide à retrouver des objets perdus, ainsi que des places de stationnement ! Tout cela est assez trivial, mais ce sont aussi les vicissitudes de notre vie quotidienne.

Finalement, j'ai décidé de prendre cela avec humour. J'ai lancé le défi à Sophie – après tout, qu'avais-je à y perdre ? – et, aussi incroyable que ça puisse paraître, cela fonctionne *tout le temps* ! C'est juste incroyable, je n'en reviens toujours pas, mon esprit rationnel ayant été mis à mal ! Si c'est une aide matérielle, cela procure surtout un bienfait intérieur et moral important. C'est la preuve concrète et simple que Sophie est encore avec moi, à sa façon. Elle devient finalement ma complice, elle qui est déjà mon bouclier, le groom qui m'attend aux portes du Ciel quand viendra mon tour, ma meilleure évangélisatrice, la protectrice de nous tous...

Matthieu

Avec le temps, et en regardant vivre la famille, j'ai acquis quelques certitudes nouvelles. Les accidents n'arrivent pas là où l'on pense et on ne peut rien empêcher. C'est bizarre parce que ma mère est beaucoup moins stressée. Elle sait que nous sommes grands mais aussi que les choses peuvent se passer bien, même dans le malheur. Elle est beaucoup plus cool, et papa aussi. Ils ont pris du recul sur le travail et le quotidien. Ils souhaitent que nous saisissions la vie comme elle vient, que nous sachions en profiter. Et effectivement, j'ai l'impression depuis que nous profitons plus les uns des autres, même si Paul est désormais interne et moins souvent à la maison.

Chez Paul et Juliette, je n'ai pas discerné un avant et un après. Et j'en suis plutôt heureux.

Béatrice

Nous n'avons pas à focaliser notre attention sur la mort de Sophie. L'important est de nous souvenir que Sophie avait trouvé un sens à sa vie et qu'elle vivait en fonction de ce qu'elle avait reçu de Dieu. Aujourd'hui, nous avons à témoigner de cela, d'autant plus que cela donne aussi sens à notre vie. En évoquant Sophie, nous ne cherchons rien d'autre que rendre visible ce qui l'a touchée, ce qui l'a motivée, et qui à notre tour nous fait tenir debout et avancer. À savoir Dieu, le Christ et la foi. La conscience de ce

Dieu, de ce Christ, de cette foi passe par l'exemple de Sophie, mais nous aurions tort de nous arrêter à elle qui en est un vecteur. Elle nous invite à regarder plus haut et au-delà. Sophie n'était qu'une jeune fille avec ses qualités et ses défauts, mais elle avait découvert en Dieu des choses qui m'avaient échappé.

Ce sont ces découvertes que nous avons aujourd'hui à partager autour de nous. Le trésor qu'elle possédait dans le vase d'argile qu'elle était est bien celui que nous devons partager. Il y a quelques mois, Matthieu a reçu le sacrement de la confirmation. Pour le préparer, il a étudié la vie des saints du XXe siècle, le témoignage de chrétiens remarquables. Il a cité sainte Thérèse de Lisieux : « Je passerai mon ciel à faire du bien sur la terre. » Une devise qui correspond bien à Sophie dont Matthieu portait la médaille de baptême ce jour-là !

Paul

Il arrive que, brusquement, je ressente fortement l'absence de Sophie. Je n'ai pas le temps de m'y préparer. Je pensais que la rentrée scolaire, qui correspondait à des choix que nous avions discutés elle et moi, allait être triste. Et la rentrée s'est passée sans que la tristesse me gagne. Mais lors des vacances de la Toussaint, j'ai été affreusement malheureux.

J'ai grandi dans une famille croyante et pratiquante, j'ai effectué ma scolarité dans des écoles catholiques. Je n'ai pas eu le sentiment que mes parents nous aient forcés à adopter la même foi qu'eux mais, en même temps, nous avons été canalisés. Ma relation avec Dieu a longtemps été passive malgré de rares moments de prière. Je n'ai jamais eu, ni même imaginé, un dialogue avec Dieu. Il était une notion abstraite. C'est bien la foi, mais que se passe-t-il concrètement ? Qui est vraiment Dieu et comment intervient-il dans nos vies ? Ce n'était pas un doute profond, mais un questionnement cartésien qui me taraudait l'esprit.

À la mort de Sophie, j'ai traversé une remise en question totale. Tous les pourquoi du monde ont surgi en même temps qu'une conclusion : si le Dieu d'amour nous enlève Sophie, il n'y a aucune raison de lui accorder la moindre confiance. Or ce questionnement n'était pas une révolte, plutôt une quête de sens et l'espoir de recevoir une réponse. Il ne faut pas s'arrêter au fait de la mort. Discerner qu'il y a plus que la brutalité de l'accident. Découvrir un impact salutaire. S'ouvrir vers le haut.

Ma relation avec Dieu a pris une autre dimension en s'exprimant dans le chant et la musique sacrée. Dieu me parle au travers de chants inspirés et je peux lui répondre parce que dans le chant je trouve les mots qui me manquent. Tout cela n'est pas arrivé tout de suite. Il a fallu plusieurs mois, durant lesquels je suis resté passif, puis Dieu est venu en prenant le chemin de la musique. J'ai animé des messes et, à plusieurs reprises, je me suis senti totalement envahi. Il ne s'agissait pas de pleurer ou d'être émotionnellement bouleversé, mais j'ai pourtant été agité de frissons que je ne connaissais pas et qui m'apaisaient et me rendaient heureux. Je suis quelqu'un d'un peu renfermé, sarcastique, ayant la critique et le préjugé faciles. Pendant une de ces périodes euphoriques, ma meilleure amie m'a dit : « C'est drôle ! Tu commences à dire du bien des gens ! » Et me voilà devenu plus serein, plus avenant, plus ouvert. Ce changement m'oblige à penser que Quelqu'un est intervenu dans ma vie.

Je ne sais toujours pas construire une prière avec mes phrases et mes mots. Et quand je parle de chants, je ne parle pas seulement de cantiques et de refrains de messes. Jésus dit que, pour prier, on peut entrer dans sa chambre, fermer la porte et, là, Dieu nous voit et nous entend. En ce qui me concerne, Dieu m'entend chanter. « Chanter, c'est prier deux fois », dit-on.

J'écoute beaucoup de musique. Je suis toujours avec mon iPod.

Certains morceaux sont des chants avec des textes chrétiens qui m'encouragent à prier silencieusement. Même entre deux stations de métro me viennent des pensées inattendues : Tiens ! Tu devrais envoyer un message amical à untel ; un SMS à ce cousin que tu n'as pas vu depuis longtemps, à tel ami qui n'est pas en forme... Ces petites attentions ressemblent à celles de Sophie. Elles ne viennent pas de moi mais du Dieu qui m'accompagne désormais.

François

Nous avons vécu un temps où il fallait retrouver le cours des réalités quotidiennes, quitter l'état d'apesanteur dans lequel l'annonce de la mort nous avait plongés. Ce fut le temps où le cœur et le cerveau sont tellement touchés qu'on ne sait plus ce qui est vrai et ce qui ne l'est pas. Faut-il interpréter ou parler des choses que l'on voit, que l'on entend, que l'on discerne ?

Sur un plan plus humain, je ressens une joie particulière à chaque fois que nous nous retrouvons tous les cinq à table. C'était déjà le cas à six bien sûr. J'aime être à table avec ma famille car c'est le moment du partage, de l'échange, de la gaieté souvent. J'aime que l'on mange et que l'on boive bien. Chaque instant doit forger un amour familial réel. Nous sommes bien, tous les cinq, à la maison. J'ai l'impression que Sophie est présente indiciblement, ou en tout cas qu'elle agit pour que ce qui était mon bonheur simple le reste.

Quelques jours après la mort de Sophie, j'ai retrouvé dans sa chambre un cahier commencé début 2013, dans lequel elle notait les messes et les célébrations auxquelles elle s'était rendue, et surtout elle inscrivait des textes bibliques, les idées qui la touchaient. On y lit des citations de sermons, des références, des réflexions qui l'édifiaient. Je me suis permis de récupérer le cahier et de le poursuivre avec mes propres découvertes. C'était bien de faire ainsi parce qu'on oublie vite ce que l'on entend et qui est important pour soi. C'est une petite discipline, mais lorsque l'on se dit disciple du Christ, il faut s'y plier. Sophie l'avait fait, et c'était une de ses bonnes idées.

Parmi mes découvertes, certaines ne sont pas faciles à intégrer.

J'ai eu un besoin fort de parler directement avec Dieu pour lui dire, dans un premier temps, mon incompréhension, mes questions, formuler mes demandes de soutien et de secours, mes colères aussi ! Ma foi institutionnelle s'est muée en une invocation dans la détresse, à la façon des psalmistes de l'Ancien Testament ; avec ces mots, il me devenait plus facile d'interpeller Dieu :

> Seigneur, Dieu de mon salut,
> Lorsque je crie la nuit devant toi,
> Que jusqu'à toi parvienne ma prière ;
> Prête l'oreille à mes sanglots.
> Car mon âme est rassasiée de maux
> Et ma vie est au bord du gouffre ;
> Déjà compté comme descendu dans la fosse,
> Je suis un homme fini.
> (Psaume 88)
>
> Pitié pour moi, ô Dieu, pitié pour moi,
> En toi s'abrite mon âme,
> À l'ombre de tes ailes, je me réfugie,
> Jusqu'à ce que soit passé le fléau.
> (Psaume 57)

J'ai emprunté ces lignes pour exprimer ma prière souffrante jusqu'à ce que j'aie la conviction que Sophie était bien *dans les bras de Dieu*.

Dès lors, mes prières ont été pour mes proches, pour ma femme, pour mes enfants, ma famille. Nous avions tous besoin de la grâce de Dieu et des manifestations de son amour. J'ai souvent demandé à Dieu de nous donner la force d'aborder chaque jour avec sérénité. Toutes ces prières intimes m'ont rapproché du Dieu que j'invoquais. Puis j'ai vécu les célébrations et les messes plus intensément parce qu'elles étaient un refuge partagé. Ma ferveur était devenue plus spontanée, moins machinale.

Par exemple, lors d'une messe en novembre 2013, j'ai entendu un chant d'action de grâces magnifique, inspiré du psaume 120, que j'écoute souvent depuis. Ces paroles me font un bien fou :

> Je lève les yeux vers les montagnes :
> d'où le secours me viendra-t-il ?
> Le secours me viendra du Seigneur qui a fait le ciel et la terre.
> Qu'il empêche ton pied de glisser, qu'il ne dorme pas, ton gardien.
> Non, il ne dort pas, ne sommeille pas, le gardien d'Israël.
> Le Seigneur, ton gardien, le Seigneur,
> ton ombrage, se tient près de toi.
> Le soleil, pendant le jour, ne pourra te frapper,
> ni la lune, durant la nuit.
> Le Seigneur te gardera de tout mal, il gardera ta vie.
> Le Seigneur te gardera, au départ et au retour,
> maintenant, à jamais.

Un autre mouvement est survenu, en famille, où nous avons découvert notre envie et notre besoin de prier ensemble. Ce n'était pas une chose habituelle. Or, nous avons pu avoir des moments comme ceux-là à la maison, en voiture, au Canada ou ailleurs. Il y eut les appels au secours, les demandes de soutien, puis des requêtes pour discerner ce que nous avions à faire, comment envisager l'avenir, comment organiser nos vies transformées. Dieu nous était devenu indispensable pour poursuivre notre chemin.

Enfin, nous avons pu – mais pas tout de suite, il me faut bien l'avouer – faire monter des prières d'action de grâces, de reconnaissance. Parce que nous ne pouvions être ingrats et ignorer toutes les bouées de sauvetage que tant de gens nous ont lancées. Je suis persuadé que nous avons été privilégiés.

Ouvrir les yeux, c'est aussi reconnaître les erreurs commises avant de trouver le bon chemin. La disparition de l'illusion que l'on maîtrise tout, y compris sa vie, mène à l'abandon à Dieu qui, lui, domine vraiment tout. Lors d'une messe en décembre 2014 à Paris, Mgr Barbarin a cité l'apôtre Paul : « Restez toujours joyeux. Priez sans cesse. En toutes conditions, soyez dans l'action de grâces. C'est la volonté de Dieu pour vous, dans le Christ Jésus[1]. » Avec une telle parole, il est évident que surgit une part de mystère et d'inconnu. Cela oblige à une foi accrue, voire aveugle en l'amour de Dieu, en la vie éternelle. Nous sommes au cœur du mystère de la vie et de la mort. Le mystère n'est pas vide pour autant parce qu'il est rempli de Dieu, et donc d'un meilleur qui nous échappe.

---

1. 1 Thessaloniciens 5, 16.

De plus, notre expérience nous rapproche du Père qui voit mourir son fils sur la croix. Même si cette mort a un sens eschatologique, le cœur de Dieu est un cœur de père qui souffre devant la mort de son fils. Lorsqu'on perd un enfant, on entre dans une compréhension – et dans une communion – de la souffrance. Lorsqu'on est chrétien depuis longtemps, que l'on connaît l'histoire de la vie et de la mort de Jésus, on peut percevoir tout cela de façon lointaine, une histoire ancienne et folklorique, et perdre de vue la réalité de la croix, le poids de l'angoisse. En fait, la mort de Sophie et ses effets sur moi m'ont conduit à prendre conscience de la douleur de Dieu et de celle de Jésus, lui qui accepte le chemin le plus effrayant qui soit. On mesure alors que l'incarnation de Dieu en Jésus-Christ n'est pas seulement dans la vie des hommes, mais aussi dans leur mort, et dans leur mort violente. Le récit de la Passion du Christ est violent. On a beaucoup critiqué le film de Mel Gibson *La Passion du Christ*, parce qu'il était sanglant, mais l'histoire l'a été. Le Christ a été massacré ! J'ai lu récemment un article d'un médecin dans un magazine qui faisait une analyse « technique » du supplice enduré. Sans doute ce qu'il y a de pire à vivre ! Le monde l'oublie facilement, trop facilement.

Mais après tant d'horreur, Jésus est ressuscité. Cette résurrection me parle de victoire sur la mort, et elle me parle de la vie éternelle. Et cela donne un nouvel éclairage sur l'accident et sur la mort de Sophie. Nous sommes toujours ici, dans un quotidien sombre, celui des disciples du soir de la crucifixion au matin de Pâques.

Le récit des pèlerins d'Emmaüs me touche beaucoup. C'est l'Évangile que nous avions choisi pour notre messe de mariage, et Béatrice et moi l'avons revisité depuis la mort de Sophie. Les deux pèlerins quittent Jérusalem où ils ont été témoins de la mort du Christ. Ils sont anéantis parce qu'ils avaient fondé leurs espoirs en lui. Un troisième homme les rejoint sur la route et les réconforte. C'est le Christ ressuscité qu'ils ne reconnaissent même pas tant ils sont enfermés dans leur peine et dans leur désespoir. Pourtant, Jésus est là. Il chemine avec eux et il les console en leur demandant de se souvenir de toutes les promesses faites. Finalement, les deux disciples vont comprendre et découvrir que celui qui est à leurs côtés, bien vivant, est celui qu'ils pleuraient.

Nous avons désormais cette conviction : Le Christ est sur notre route, à nos côtés.

Paul

Après ces grands chagrins, je trouve l'attitude de mes parents incroyable. Ils se relèvent et en arrivent à vouloir relever les gens qui passent par le même drame. J'ai vu mon père accablé, laminé, pleurant Sophie comme jamais je ne l'avais vu pleurer, et je le vois maintenant surmontant sa peine et prêt à prendre en charge la peine d'autres parents. Mes parents sont entrés dans une nouvelle mission : dire à d'autres personnes ayant vécu la même chose qu'il ne faut pas s'installer dans le chagrin éternel.

Je suis conscient, et eux aussi, que nous avons vécu la mort de Sophie avec des soutiens et des aides considérables provenant de la famille, des amis, des proches. C'est un privilège dont nous sommes pleinement conscients et c'est une chance réelle par rapport à certaines familles qui vivent la même douleur tout en étant nettement moins entourées. Parce qu'ils savent que sans ces présences, ils auraient sombré, ils veulent à leur tour donner de ce qu'ils ont reçu. Je trouve exemplaire de pouvoir vivre son deuil personnel et aller vers les autres pour les soutenir.

Nous ne méritons pas plus de privilèges que d'autres dans de telles circonstances, mais depuis un an et demi, à cause ou grâce à la mort de Sophie, nous avons rencontré tant de gens formidables qu'il est impossible de garder cela égoïstement. Cette abondance de choses reçues, apprises, perçues, comprises, oblige à ne pas garder tout cela pour nous seuls.

Je pense à cette parole de l'Évangile en résonance avec notre situation : « À qui l'on a beaucoup donné, on demandera beaucoup ; à qui l'on a confié beaucoup, on demandera plus encore. » Sophie nous a montré ce qu'est un serviteur fidèle. Nous la suivons et mes parents plus encore. Je les vois désormais assez forts pour aider ceux qui sont frappés comme nous l'avons été. Je les trouve impressionnants !

Juliette

La mort de Sophie m'a révélé mes parents. Avaient-ils déjà cette force en eux, ou l'ont-ils reçue depuis ?

On se fait parfois de drôles d'idées et des scénarios impossibles. Il m'était arrivé de me poser des questions : et si maman mourait ? Et si papa disparaissait ? Alors je voyais arriver l'apocalypse et la dévastation. Pourtant, deux mois après la mort de Sophie, je retourne en cours comme prévu ! La vie terrestre ne s'est arrêtée que pour elle.

Si Sophie devait mourir, finalement les JMJ n'étaient-elles pas le lieu et l'événement le plus adéquat ? Il est étrange de pouvoir dire cela, mais l'environnement a été tel que nous aurions été impactés autrement si l'accident avait eu lieu plus près de chez nous. Nous avons été accompagnés comme rarement le sont les membres d'une famille ainsi frappée. Toute l'Église semblait là pour nous entourer de paroles bienveillantes. Ce fut une bénédiction incroyable dans un malheur terrible.

Les premiers jours ont été vécus dans une ambiance de douceur et d'écoute. Et tant mieux si, aujourd'hui, mes parents peuvent partager les grâces que nous avons reçues avec des gens qui en reçoivent nettement moins. Nous devons nous inscrire dans la solidarité et dans la fraternité. Papa et maman sont en train d'inventer un nouvel avenir pour eux. Un jour, papa a dit à maman : « On se laisse faire et on verra ce qui se passera. » Nous avons tous appris à ne pas chercher à maîtriser le lendemain.

Béatrice

Avant la mort de Sophie, j'étais une femme pleine de projets, mais, depuis le drame, l'avenir a explosé. Heureusement, avec le temps, des perspectives se sont redessinées. Une amie, qui a vécu la même peine huit ans plus tôt, m'a répété qu'il fallait se reconstruire avec des projets. Je n'ai toujours pas la capacité à regarder à deux ans, à cinq ans, à dix ans ; cela me donne le vertige. Ma notion du temps a complètement changé. Le stress, mon obsession de vouloir à tout prix finir ma *todo list* quotidienne, tout ce qui m'agitait et remplissait mes journées ne me touche plus du tout. C'est une libération inattendue. Jusqu'ici, j'avais quatre-vingts ans pour vivre, maintenant, je sais que j'ai quatre-vingts ans plus l'éternité !

Récemment, François et moi avons rencontré un couple qui venait de perdre un enfant. La mère, en deuil depuis cinq mois, me disait : « C'est dur d'avouer que je suis pressée de retrouver l'enfant mort ! Heureusement, il y a les autres enfants et mon mari pour avoir envie de rester ici maintenant. » Je lui ai répondu : « Que vous retrouviez votre fille dans cinq, trente ou cinquante ans, qu'importe ! Puisqu'elle est déjà dans une dimension où le temps n'existe plus. Elle ne peut pas souffrir du temps de la séparation. Il vous faut ici et maintenant être là pour les vivants ! »

Auparavant, j'avais l'orgueil de penser maîtriser ma vie : j'éduque mes enfants à la prudence, cela les protège, je suis une femme de projets, je les réalise... J'ai compris que Celui qui tient ma vie, ce n'est plus moi. Je ne m'inquiète plus de ce qui ne dépend pas de moi. J'en suis sereinement détachée.

Je ne m'inquiète plus des mêmes choses, je ne crains plus les accidents, par exemple. J'ai la preuve qu'ils arrivent lorsqu'on ne les attend pas et qu'on ne les évite pas. Je suis devenue moins stressée avec les enfants. Je commence à mieux comprendre Matthieu. Très tôt, il nous a dit que nous devions arrêter de parler de Sophie, qu'il fallait la laisser là où elle était, d'autant qu'elle y était bien. Cette fameuse idée selon laquelle Sophie devait se faire plus discrète a été perçue par Matthieu bien avant chacun de nous ; il est temps que je l'intègre aussi. Il faut que Sophie reste à sa juste place, à moi de trouver laquelle est-ce.

D'autres personnes nous ont fait part d'un deuil similaire au nôtre, pour nous demander conseil, ou juste pour en parler, avouer ne pas s'en sortir... Je pensais que la peine, la souffrance, le chagrin de ces gens allaient raviver, ranimer le mien ; ce n'est pas le cas ! Je m'en étonne et je me demande si ce n'est pas un envoi en mission.

Nous réfléchissons à créer un lieu où les parents, mais aussi les frères et les sœurs, pourraient trouver des pistes afin de se reconstruire. Dans cette détresse commune, nous devons nous entraider et grandir ensemble, comme l'écrit Saint Pierre : « Que chacun mette au service des autres le don qu'il a reçu ! » Je rencontre des gens qui, dix ans après la perte d'un enfant, sont toujours dans la souffrance. Certains couples se sont déchirés. Des dégâts entraînent d'autres dégâts. Si je peux être utile, fort de ce que j'ai reçu et découvert, il serait décevant de ne pas le partager. Je suis surprise de constater le nombre de personnes qui me disent avoir aussi perdu un enfant. Souvent, je n'en savais rien. Par la force des choses, notre deuil a été public. Des personnes qui avaient enfoui leur histoire osent nous en parler.

13

Pourquoi ?

François

« Pourquoi ? » Telle est la question qui vient peut-être à l'esprit après avoir lu ces pages. Pourquoi avoir décidé de faire ce livre de témoignages ? Pourquoi ne pas garder dans l'intimité de notre espace familial et amical le récit des derniers dix-huit mois ? Il nous paraît essentiel de répondre à ces légitimes interrogations pour donner du sens à tout cela.

Il faudrait tout d'abord éliminer les mauvaises raisons. Nous ne cherchons pas à éveiller la pitié, la compassion par excès. Nous ne sommes pas impudiques au point d'étaler au grand jour ce qui *a priori* ne regarde que peu de personnes, afin de développer un voyeurisme qui nous écœure, et qui prolifère si souvent dès que le « grand public » et des médias s'emparent d'un fait divers ou d'un drame de la vie ordinaire.

Depuis la mort de Sophie, sans que nous le voulions ou que nous sollicitions qui que ce soit, des personnes de bonne volonté s'intéressent à son histoire et à la nôtre. Des journalistes principalement, qui se relaient les uns après les autres. Assez providentiellement, les choses s'enchaînent pour que cette histoire ne tombe pas dans l'oubli normal du temps qui passe. Probablement compte tenu de ma carrière professionnelle où j'ai appris à travailler avec des journalistes et à leur faire confiance par principe, je suis touché de leur intérêt pour Sophie, et je réponds toujours positivement à leur sollicitation.

Autre exemple : nous avons appris que le père Daniel-Ange préparait un nouveau livre sur la vie de jeunes chrétiens partis trop tôt. Il nous a sollicités spontanément, et écrira un chapitre sur Sophie dans son ouvrage.

Plus profondément, il semble que Sophie nous incite à poursuivre cette mission en nous donnant force et énergie, pour dépasser nos peurs et notre chagrin, et parler à ceux qui nous interrogent.

À titre personnel, il est probable qu'écrire a été pour moi une thérapie non totalement consciente, pour à la fois perpétuer le souvenir de ma fille, pour qui j'éprouve une fierté éternelle, et évacuer d'une certaine façon certains des tourments qui m'assiègent depuis sa mort. En cela, ma motivation est probablement différente de celle de mon épouse et de mes enfants.

De façon plus majeure, la première motivation de ce livre est de témoigner de l'amour gratuit de l'être humain. Alors que l'ouragan vous emporte, que la fournaise de la douleur vous étouffe, l'amour est là et la fraternité humaine est capable de faire d'authentiques miracles. Nous avons voulu dire que nous avons reçu des trésors de tendresse, de solidarité, et d'amitié, comme s'il en pleuvait. Nous pensons que Sophie n'est pas étrangère à tout cela.

Nous ressentons une union particulière à elle, nous qui vivions si souvent à douze mains les jours heureux qui passaient. Sophie ne nous lâche pas. Elle ne veut pas notre malheur et notre peine, et elle nous envoie des moments de douceur, des surprises merveilleuses, comme cette rencontre à cinq avec le pape François, et notre prière ardente avec lui pour elle.

Oui, nous avons été gâtés, bien plus, infiniment plus que d'autres familles, que d'autres hommes et femmes qui vivent des drames tout aussi douloureux, dans la solitude, dans l'indifférence ou l'abandon. C'est ce que j'avais exprimé dans le texte lu au début de la messe d'enterrement de Sophie à Saint-Léon, le 24 juillet 2013 :

> Un seul mot me vient sans cesse à l'esprit nuit et jour : MERCI. Oui, merci de vos prières, de votre soutien, de votre présence, de vos mots, de vos signes, de vos dessins, de vos regards, de vos baisers, de vos caresses, de vos accolades. Nous pensons à ces enfants qui meurent dans une indifférence absolue dans le monde ; nous pensons à ces doux vieillards qui s'endorment souvent seuls dans le froid d'un hôpital. De mon cœur jaillit ce cri : intense est ma douleur, immense est votre amour.

En écrivant ces mots, je n'avais aucune idée de ce qui m'attendait dans les mois suivants. Certes la douleur, le froid, la nuit furent autant de calvaires journaliers qui durent encore. Mais comment garder pour nous tout l'amour reçu ? Il nous semble juste et indispensable que le monde sache tout cela, pour témoigner de la vérité des paroles de saint Paul[1] :

> Mais là où le péché a abondé, la grâce a surabondé, afin que, comme le péché a régné par la mort, ainsi la grâce régnât par la justice pour la vie éternelle, par Jésus-Christ notre Seigneur.

Nous avons reçu cette grâce fraternelle de la part d'inconnus, comme cette dame qui nous écrit à chaque fête familiale pour nous dire son affection alors que nous ne la connaissons pas, d'amis fidèles, de connaissances qui sont devenus des frères, de collègues, de prêtres, de pasteurs, de ministres, et de tant d'autres. Cette liste n'est pas complète et chacun de nous cinq y a puisé une énergie sans laquelle continuer le chemin aurait été insensé et impensable.

La deuxième motivation, plus forte encore, c'est témoigner de l'amour ineffable de Dieu et de son existence bien réelle à nos côtés. Pour mieux comprendre ce que nous voulons signifier, il faut sans doute revenir à l'origine de notre foi. Héritée de nos parents, fortifiée par une éducation religieuse à travers les

---

1. Épître aux Romains 5, 20.

écoles, les collèges, les amis, notre foi est d'abord celle du charbonnier. Nous croyons comme nous respirons et une vie sans Dieu nous semble comme un monde sans hommes. Ce n'est pas le lieu de résumer nos parcours spirituels, mais ils ont ancré en nous l'attachement viscéral au Dieu fait homme, mort sur la croix et ressuscité.

Tout d'un coup, comme la foudre du tonnerre, en quelques dixièmes de seconde votre vie s'effondre. Et alors commence un long dialogue avec Dieu, parfois véhément, parfois désabusé : pourquoi Seigneur ? Pourquoi elle ? Pourquoi nous ?

Comme si Dieu savait que nous sommes incapables d'écouter, de comprendre, il donne d'abord la force. Oui, la force physique. Quelques mois après la mort de Sophie, nous repensions aux épreuves surmontées au moment des jours terribles. Comment avons-nous fait pour tenir ? Pour survivre ? Nous sommes passés dans une fournaise qui aurait dû nous détruire mais nous sommes toujours vivants. Mettre cela sur le simple fait du courage, de l'orgueil ou même de l'entraide n'a pas de sens. Dieu nous a donné les grâces pour surmonter les épreuves. Non que la souffrance ne fût pas réelle et profonde, mais il nous a pris la main, et il a littéralement pris sa part du fardeau.

Coïncidence pour certains, signe providentiel pour d'autres, l'Évangile du lendemain de la mort de Sophie était celui-ci[1] :

1. Évangile selon saint Matthieu 11, 28-30.

> En ce temps-là, Jésus prit la parole : « Venez à moi, vous tous qui peinez sous le poids du fardeau, et moi, je vous procurerai le repos. Prenez sur vous mon joug, devenez mes disciples, car je suis doux et humble de cœur, et vous trouverez le repos. Oui, mon joug est facile à porter et mon fardeau, léger. »

Ces paroles me semblaient obscures jusqu'ici, mais tout d'un coup, en vingt-quatre heures, elles prenaient une résonance qui dès lors ne me quitterait plus. Commentées par le cardinal Vingt-Trois le 18 juillet lors d'une veillée de prières à l'église Saint-Léon à Paris, elles éclairaient d'un nouveau jour les événements tragiques. Comme si Dieu nous offrait de marcher ensemble. Comme si le rang de disciple, même obscur et indigne, nous donnait une aide surnaturelle inouïe car Dieu se mettait tout à coup à nos côtés sur le chemin, et il nous gratifiait subrepticement d'acolytes postés également sur la route, prêts à prendre leur part de cette souffrance absolue pour nous soulager. Je les ai appelés nos « Simon de Cyrène », comme celui qui aida Jésus à porter sa croix pour monter au Golgotha. Nous avons dit dans ce livre la présence mystérieuse et abondante de tant d'hommes de Dieu sur notre chemin, à commencer par le pape François. Par touches successives, comme des lianes qui se relient les unes aux autres dans une forêt souvent inextricable de pensées sombres, nous avons trouvé un chemin nouveau de reconstruction. Nous témoignons que cela n'est ni le fruit du hasard, ni celui de la seule bonté humaine, mais d'une présence surnaturelle autour de nous.

Il est nécessaire de donner un éclairage complémentaire, pour parer à toute critique sur notre possible mythomanie ou illumination. Notre foi chrétienne n'est faite ni de sentimentalisme, ni de quête de signes religieux. Nous ne voyons pas la Vierge Marie derrière chaque pot de fleurs ! Nous n'avons pas perdu la raison après l'accident de Sophie, quel que fût notre immense désarroi.

Nous ressentons depuis dix-huit mois cette présence aimante de Dieu qui ne nous abandonne pas. Pour mieux la comprendre, j'aimerais faire écho aux propos du pape François tenus le 17 janvier 2015 sur l'aéroport de Tacloban, dans cette région des Philippines dévastée quelques mois plus tôt par des tornades :

> Beaucoup parmi vous se sont demandé en regardant le Christ : « Pourquoi, Seigneur ? » Et à chacun, le Seigneur répond par le cœur. Je n'ai pas d'autres paroles à vous dire. Regardons le Christ : il est le Seigneur, et il nous comprend parce qu'il est passé par toutes les épreuves qui nous ont frappés.

Ces mots sont le parfait résumé de nos sentiments éprouvés tout au long de ces jours : Dieu n'abandonne jamais les siens.

14

Que retenir ?

François et Béatrice

Double amour

Amour des hommes, amour de Dieu. Ainsi peut se résumer la colonne vertébrale de ce recueil de témoignages d'une famille ordinaire à la vie jusqu'ici banale, faite de petits hauts et de petits bas, qui, une fois plongée dans l'abîme de la mort qui frappe sans prévenir en se moquant du sens logique du temps, doit remonter doucement la pente vertigineuse.

De ce double amour dont nous avons voulu témoigner, il nous semble important de dire que les deux s'entremêlent, et traduisent l'actualité tangible de la réponse de Jésus aux docteurs de la Loi[1] :

> Tu aimeras le Seigneur ton Dieu de tout ton cœur… et ton prochain comme toi-même.

1. Évangile selon saint Matthieu 22, 37-39.

Même si Dieu sait que c'est une requête insensée bien au-delà des forces de chaque homme, bien au-delà de nos forces, il formule cette quête du double amour sous forme d'impératif, parce qu'il se l'impose à lui-même de toute éternité pour chaque homme, dans un engagement réciproque définitivement disproportionné mais terriblement porteur d'espérance. Cette espérance est devenue une réalité porteuse de lumière dans nos ténèbres. Puissent ces quelques lignes convaincre le plus grand nombre que Dieu les aime depuis toujours et pour toujours.

Instrument

Dans cette relation entre Dieu et les hommes, notre histoire montre que le Tout-Puissant utilise la bonne volonté et le cœur de chaque homme, si chacun accepte de se laisser guider, de se laisser pénétrer, de s'abandonner à sa volonté amoureuse. Nous sommes sûrs que nos Simon de Cyrène ont pris conscience tôt ou tard de la mission qui leur était demandée à nos côtés, bien au-delà de simplement faire le bien ou donner de l'amour. Mais en devenant instrument de son amour, comme un objet qui conduit le courant en se réchauffant.

Miracle

Souvent, il nous arrivait de nous dire en écoutant les Écritures : « Seigneur, fais un miracle maintenant, aux yeux du monde présent, pour que tous comprennent ! » Nous avons tenté de dire à travers ce récit que ce miracle s'est accompli. Ne serait-ce lors de la messe d'enterrement de Sophie ! Combien de collègues ou d'amis, peu ou non-croyants, ont témoigné du caractère unique, si spirituel, si divin de cette cérémonie : une expérience unique, une messe comme jamais ils n'en avaient vécu de leur vie, un sentiment de joie et de plénitude malgré le chagrin.

Vaincre la mort

Puisqu'il nous a été donné de rencontrer plusieurs familles ayant connu le même drame, nous souhaitons aussi apporter un peu de réconfort à tous ceux que nous ne connaissons pas, qui vivent souvent dans la douleur intense et non cicatrisée de la perte d'un enfant. Que ce récit leur donne modestement des sources d'inspiration, l'envie de parler avec Dieu dans la prière, ou l'envie de partager à nouveau avec proches et amis.

De façon plus générale, il faut comprendre que chacun est différent face à la mort. Cela va de soi, mais c'est essentiel pour espérer repartir sur le chemin de la vie. Nous avons expérimenté tous les cinq des itinéraires propres, parfois contradictoires, voire en opposition, et le respect absolu du chemin de chacun est capital, même s'il peut être déroutant pour les autres. Il faut être un peu égoïste et penser un peu plus à soi pour trouver le meilleur remède possible. Les oscillations du cœur face au temps qui passe sont inévitables, mais ces respirations parfois crispantes et éreintantes sont un mal nécessaire.

Prendre tout (François)

Dès la première heure après l'annonce de la mort de Sophie, je me suis transformé instantanément en un immense buvard, prenant chaque mot, chaque geste, chaque regard comme un cadeau. J'ai tout pris, sans faire de tri, tout sans exception, de façon goulue et avide. Rien ne m'a heurté, choqué ou blessé. Je n'avais ni la force ni l'envie de discerner la franchise de la politesse. Peu importe. Toutes ces doses de vitamine virtuelles ont été des médicaments quotidiens constants. C'est si bon de ne rien calculer, et au diable la naïveté ! Je m'en moque éperdument. Je n'aurai jamais d'indigestion d'amour.

Parce que la vie renaît

Quand nous avons évoqué avec notre éditeur le choix de la couverture, nous avons pensé à ces contreforts de l'Etna, ravagés par la lave incandescente, où l'on voit repousser des petites fleurs et parfois un peu d'herbe. Notre bien faible potentiel de directeurs artistiques a mis fin à cette piste, mais cette photo peut exprimer ce que nous avons appris en dix-huit mois. Nos témoignages se sont faits l'écho de ces espoirs qui naissent, de ces conversions qui surgissent, et de tant d'autres que nous connaissons ou que nous ignorons. Très vite, une phrase est revenue sans cesse autour de nous à propos de la mort de Sophie, que Thérèse de Lisieux prononça peu de temps avant sa mort :

> Je passerai mon ciel à faire du bien sur la terre.

À sa manière, Sophie est à l'œuvre, par la puissance de Dieu, et sème ses petites fleurs çà et là. Nous ne sommes qu'au début de l'histoire, nous en avons le puissant pressentiment.

Fiers d'elle

En un monde où la jeunesse cherche des modèles, où les saints semblent être lointains, d'un ancien temps, et donc sans rapport avec notre aventure contemporaine, il est bon de lire que des jeunes comme Sophie ont décidé de mettre leur foi au Christ au cœur de leur vie, sans pour autant que celle-ci fût différente de celle de leurs congénères. Parfaitement dans son temps, intégrée dans toutes les activités humaines, heureuse de vivre pleinement sa jeunesse, Sophie n'en a pas moins pris une orientation décisive, en aimant profondément Dieu et l'Église.

Tendre vers la sainteté, ce n'est pas seulement être une personne exceptionnelle dans son oraison, dans sa connaissance des Écritures saintes, dans son engagement missionnaire au bout du monde. Il existe des formes de sainteté, que nous ne verrons pas sur les autels, vécues par des gens plus ordinaires qui brûlent d'amour pour Dieu dans un quotidien banal. Sophie avait les mêmes difficultés que les autres, les mêmes tentations, les mêmes flottements, les mêmes défaites. Mais elle continuait de marcher sur le chemin de la vie en servant son Seigneur et en témoignant que sa grandeur est la plus belle des lumières. Son cœur était dilaté à l'extrême pour y accueillir tous ceux qu'elle croisait sur son chemin. Il est assez facile de comprendre combien elle avait déjà semé sur tous les chemins de sa jeune vie les graines de l'amour de Dieu et de son prochain.

Des vœux en guise d'envoi

Puisse ce récit conforter les jeunes qui aiment Dieu et leur faire comprendre qu'ils sont dans le vrai et le beau. Puisse Sophie les éclairer tous les jours de leur vie.

Puisse Sophie apporter un réconfort par son intercession auprès de Dieu à tous ceux qui ont lu ce livre, croyants ou non, et qui souffrent du deuil, de la mort qui rôde, ou de toute autre souffrance.

Puisse ce récit faire comprendre à un plus grand nombre le mérite exceptionnel de tant de pasteurs de l'Église, qui apportent sans compter à ceux qui sont dans la peine, en s'exposant courageusement, en ouvrant les bras à ceux qui se précipitent vers eux en larmes.

Puisse ce modeste livre donner envie à chacun de relire le récit des pèlerins d'Emmaüs, pour prendre le chemin poussiéreux avec eux, et sentir que Dieu est à leur côté, et que leur cœur devient tout brûlant en sa présence.

Puissent ces lignes vous faire simplement du bien, comme elles nous en font…

Lettre du pape François à la famille Morinière

A Monsieur et Madame François Moriniere

C'est avec beaucoup de peine que je tiens à vous faire part de mes sincères condoléances à la suite du décès accidentel de votre fille Sophie, survenu alors qu'elle se rendait aux Journées Mondiales de la Jeunesse à Rio.

J'ai été touché par le témoignage de courage et de foi en Jésus mort et ressuscité que vous m'avez adressé dans votre épreuve, et je vous remercie bien sincèrement pour cette délicate attention. Je vous assure de ma prière pour que le Seigneur, Père très aimant, accueille Sophie dans sa paix et sa lumière, et vous accorde, ainsi qu'à toute votre famille, le réconfort de l'espérance.

En cette période difficile je vous assure de ma cordiale proximité et je vous adresse, ainsi qu'à toutes les personnes touchées par ce deuil, la Bénédiction apostolique.

Du Vatican, le 20 septembre 2013

François

ANNEXES

Plus forts que la mort

Témoignage de Gérard Ejnès, ami de François, rédacteur en chef à *L'Équipe*

C'était il y a vingt ans. La même histoire. La même souffrance. La même désolation. Les mêmes lamentations. La perte d'un enfant de 20 ans dans un accident de la route. Deux amis de cœur, elle et lui, dévastés. Deux amis confrontés à l'injustice et à la fatalité. Un grand vide pour la détresse suprême. Et rien à quoi, à qui se raccrocher. Un terrible combat en solitaire hors les murs de la religion.

La perte d'un enfant ! Connaissez-vous pire cruauté ?

Plus tard, mon père m'a raconté une histoire. Celle d'un rabbin qui avait perdu un fils de 13 ans et qui, face à la profondeur abyssale de la tombe, avait remercié Dieu pour lui avoir offert treize ans de bonheur.

Je ne sais pas si François et Béatrice ont eu cette force, mais d'emblée ils m'ont donné l'impression qu'ils savaient, qu'ils avaient à qui parler. Injustice ? Fatalité ? Non, autre chose : l'incompréhension. Juste l'incompréhension. Ceux qui ne croient pas ne connaissent rien du lien obscur et magique. J'en sais quelque chose. Mais ils envient la chance de ceux qui ont quelqu'un à maudire, puis à bénir, puis à maudire, puis à bénir dans un interminable, pesant et magistral échange dont ils ne s'extrairont jamais. Mon Dieu, mon Dieu, pourquoi nous as-tu abandonnés ? Ici commence l'autre monde. Celui d'un dialogue en apparence impossible.

Comment comprendre, comment admettre que le Seigneur avait déjà besoin de Sophie ? Qu'avait-elle fait de si extraordinaire pour qu'Il se l'approprie si brutalement, si précocement, sans sembler se soucier de ceux à qui Il avait confié la tâche de l'élever, de la faire grandir, de l'éduquer, de l'adorer, et qui remplissaient si bien cette mission. Pourquoi elle, mais surtout pourquoi eux ?

Et puis, au cimetière du Montparnasse, au bout d'une journée de poignantes cérémonies, de chants et de prières, de phrases insupportables qui veulent expliquer l'inexplicable et sont comme des poignards dans une plaie sanglante, après la mise au tombeau, et juste avant que le ciel ne déverse brutalement toutes ses larmes, le sourire de François, l'énergie de François, deux dons sidérants de l'au-delà pour qui ne possède pas les clés du royaume.

Jamais je ne croirai que revivre le calvaire de Marie, mère de Jésus, est une bénédiction. Et pourtant. Je les ai écoutés avec la plus extrême attention ces hommes de passion qui reconstruisent mot après mot les âmes et les cœurs. Trônant au-dessus d'eux, en majesté, Mgr Barbarin, sublime lot de consolation, pardon pour l'expression.

Et j'ai entendu le récit de ce voyage à Rome chez cet autre François. Transporter son désespoir chez cet inventeur d'espoir. Porter sa croix chez celui qui en est le dépositaire. Lui sait peut-être où est Sophie, lui sait peut-être pourquoi elle y est.

Les jours s'en vont. Je demeure avec mon incompréhension. Et mon admiration. Chaque seconde doit donc être consacrée au pardon. Je viens d'un peuple qui avait au moins 6 millions de raisons, mais beaucoup plus en vérité, de ne jamais Lui pardonner et qui l'a pourtant fait. Ainsi sont les sages. Ainsi font les sages. Puis ils se prosternent humblement.

Il paraît que les desseins du Seigneur sont impénétrables. Pas tant que ça en vérité. Ils nous ramènent à la futilité des choses. À l'Ecclésiaste. Quelques années de plus ou de moins ici-bas, quelle importance après tout ? Celle qui s'en est allée le sait bien. Ceux qui sont restés pantelants et défaits – jamais détruits – le sauront bien un jour. Je les aime et les admire, eux et leurs enfants, pour cette patience, cette sérénité, cette douceur, cette joie de vivre qu'ils renvoient et qui ne cessent de me troubler, de me bouleverser. Comment percer le mystère de la foi ?

Brèche

Témoignage d'Aliénor Asselot, amie de Sophie

Sophie, écrire sur tout ce que ton « après-mort » m'a apporté... Comment dire les fruits d'espérance dans ma vie produits par ce choc irréversible qu'a constitué ta mort ? Comment en nommer, seulement un an et demi après, d'une voix claire et puissante les bénéfices, comment solliciter cela de moi qui continue de demander à ma mère si tu seras bien à l'île d'Yeu cet été, parce que bon, ça va quoi, un an et demi d'absence, on a bien pleuré, on s'est bien consolés, on s'est bien rassurés et soutenus, mais maintenant, c'est fini, non ? On les arrête, nos beaux discours cathos, tu reviens, hein ?

Je relis ces quelques lignes et me rends compte qu'elles sont un fidèle aperçu du mouvement continuel qui m'habite, du va-et-vient de mon esprit, entre beaux élans et paroles d'espérance, grande lassitude et sentiment d'injustice.

Commencer par ta famille ? Son courage est sans bornes et son témoignage une véritable leçon de vie. Mais cela, tu le sais bien mieux que moi et, d'ailleurs, tu y es pour beaucoup.

Quant à moi, j'ai bien réfléchi. Et je pense que ta mort m'a creusée. La souffrance a attaqué mon cœur, l'a rendu poreux, perméable, comme une vague salée qui ronge la roche sur laquelle elle s'écrase. Ta mort a constitué en moi une brèche, une crevasse, qui s'est muée en un grand réceptacle tout près d'accueillir les multiples visages de la vie et les infinies nuances du quotidien. Mon cœur parfois si dur et moqueur s'est ouvert à la parole de Dieu vécue, à la beauté de la vie, à la source inépuisable d'amour qu'est la famille.

Ta mort, c'est vrai, n'a pas de sens en elle-même, mais elle a mis en exergue ta vie, la finesse de ton cœur, la bonté de ton regard, la profondeur de ta joie. Je n'aime pas faire de toi une sainte – je te connais depuis trop longtemps, désolée –, mais j'éprouve à présent le changement que la relecture de ta vie a produit en moi, et l'ouverture qu'elle m'a procurée, comme si mon cœur s'était déplié et éveillé à une richesse insoupçonnée.

Alors merci. Merci car je te soupçonne d'œuvrer – avec succès – pour la réconciliation dans notre famille que tu connais si bien, dont tu as toujours été tellement proche. Merci d'avoir pardonné mes bassesses, merci d'avoir déverrouillé mon cœur et de l'avoir tourné vers la lumière du Christ. J'en viens à me surprendre presque mystique par moments, tu peux être fière de toi.

Crois-tu cela ?

Témoignage du cardinal Philippe Barbarin, archevêque de Lyon

> Je suis la résurrection et la vie. Celui qui croit en moi, même s'il meurt, vivra. Crois-tu cela ?
>
> *Évangile selon saint Jean 11, 25*

Chaque soir, au moment des complies, j'ai rendez-vous avec Sophie, dont le visage apparaît dans mon bréviaire sur le mémento que sa famille a réalisé après son départ. De grands cheveux blonds, un regard lumineux… sa présence, et me voici dans une atmosphère de paix et de confiance où, certainement, beaucoup se retrouvent « dans le secret ». Sans aucun doute, là où elle est, Sophie veille et intercède pour nous.

Quand Dieu l'a appelée près de Lui, elle était plus jeune que sainte Thérèse de l'Enfant-Jésus. Avec la petite Thérèse, je veux l'entendre nous rassurer, nous fortifier dans l'espérance : « Je passerai mon ciel à faire du bien sur la terre. » Elle demande à Dieu pour ses parents, sa sœur et ses frères l'affection et le réconfort dont ils ont besoin. Elle veille sur ses amis, sur tous les compagnons des JMJ en route vers Rio de Janeiro, sur les jeunes de sa génération, habités par un véritable feu missionnaire, qu'elle a quittés trop tôt, pour le Grand Rendez-Vous.

C'est étonnant de voir la situation contrastée que vit notre Église en France aujourd'hui. Des pans entiers d'institutions, qui paraissaient séculaires, s'effondrent. Les statistiques, paraît-il, chutent, pour les baptêmes et les mariages, et pour l'ensemble de la pratique religieuse. Mais en même temps, un peuple nouveau se lève, venu de partout, et parfois des lieux et des milieux les plus inattendus. Au temps de la contestation qui existe toujours, et parfois comme une critique utile, a succédé un étonnant courant d'écoute intérieure, de questionnement spirituel, avec un grand désir de vie fraternelle et une claire détermination missionnaire… Combien de jeunes et d'adultes disent tout simplement aujourd'hui : « La Parole de Dieu est notre phare et, si l'Église nous demande cela, nous avons tout intérêt à l'écouter et à essayer de le vivre. Car le seul but qu'elle poursuit, c'est le bien de ses enfants ; elle nous parle comme une mère ! »

Cette attitude me remplit d'action de grâces. Que l'intercession de Sophie – à laquelle j'associe dans ma prière Marie Mauvisseau, disparue au même âge qu'elle, huit ans plus tôt, lors des JMJ de Cologne, et Claire de Castelbajac qui a vécu, comme moi et dans les mêmes années, son enfance marocaine dans le quartier de l'Agdal, à Rabat – fortifie le dynamisme spirituel des jeunes chrétiens de 2015, source du renouveau de l'Église de France.

Mercredi 17 juillet 2013, je suis encore à Lyon, prêt à partir pour Cayenne, quand on annonce le terrible accident de Saint-Laurent-du-Maroni qui a coûté la vie à Sophie et blessé les chauffeurs du bus et du camion, les jeunes Édouard et Frédérique. Aussitôt, je contacte le cardinal Vingt-Trois qui me charge d'apporter un message de réconfort à tous les jeunes Parisiens qui vivent avec les Guyanais, les Lyonnais et quelques autres futurs « JMJistes », une semaine missionnaire à Cayenne, avant de rejoindre Rio.

Vingt-quatre heures plus tard, en atterrissant en Guyane, je trouve le groupe des jeunes merveilleusement accompagné par mon frère Emmanuel Lafont, l'évêque de Cayenne, ainsi que par les prêtres et les animateurs. Certes, tous sont traumatisés par l'accident, on le voit sur les visages et dans le silence étonnant qui les enveloppe, mais on sent qu'ils se sont ancrés ensemble dans la foi, la souffrance et l'espérance. Une belle maturité humaine et chrétienne !

Le vendredi soir, nos JMJistes donnent sur la plus grande place de Cayenne un spectacle sur l'amour humain et le mariage où on les sent engagés du plus profond de leur être. Puis, au cours d'une grande célébration qui termine cette semaine d'évangélisation, j'ai la joie de baptiser Vianney-Irénée, le jour de ses 19 ans. Les habitants de Cayenne sont venus en foule. Un grand moment !

Samedi, nous allons sur les îles du Salut, au large de Kourou, visiter le tristement célèbre bagne. On nous explique l'histoire des lieux et l'admirable accompagnement des sœurs de Saint-Paul de Chartres qui, pendant plus de deux cent cinquante ans, ont soigné détenus et gardiens. Et le dimanche matin, après le petit déjeuner, tandis qu'on vient de nous expliquer les difficultés d'avion qui vont retarder l'envol pour Rio, j'appelle les parents de Sophie. Ils sont en voiture, dans Paris, où il doit être 15 h 30 ; ils partent à la rencontre du corps de Sophie qui vient d'arriver. Premier contact émouvant avec une famille que je ne connaissais pas, conversation étonnante qui reste gravée dans nos mémoires. C'est le choc d'un dialogue autour du mystère de la mort, mystère qui redouble quand elle intervient si tôt et, pour eux comme pour moi, la certitude qu'« avec la mort, la vie n'est pas détruite ; elle est transformée... ».

Puis à 10 h 30 commence la messe dans la cathédrale de Cayenne avec tous les jeunes. Durant l'homélie, je dois donner une catéchèse à partir de l'Évangile du jour (celui de Marthe et Marie) sur tout le chapitre x de l'Évangile selon saint Luc. Parler devant un auditoire aussi réceptif, quel bonheur ! Mais à la fin, je suis pris d'un malaise. Il faut s'allonger, transport à la sacristie, puis les pompiers arrivent et nous voici à l'hôpital. C'est un infarctus. La décision est rapidement prise de me transférer en urgence à Fort-de-France, en Martinique, où je serai examiné le lendemain et opéré sans tarder. J'ai le réconfort de recevoir le sacrement du pardon (sans confession, pour la première fois de ma vie !) avant de m'envoler, et celui de l'onction des malades avant d'être opéré.

Je vis ces moments intenses en compagnie de Sophie. Depuis ce jour-là, j'ai l'impression qu'elle ne quitte plus mon ministère et qu'elle veille sur tout mon diocèse. Peu à peu, j'ai découvert ses interventions des derniers jours sur Radio Notre-Dame, diverses paroles ou anecdotes, et aussi quelques facettes de son enfance lyonnaise, en particulier sa première communion à Écully...

L'intérêt de ce livre est de rassembler beaucoup de témoignages pour partager au plus grand nombre la grâce d'une vie qui s'est interrompue si brutalement dans sa phase terrestre, mais qui poursuit avec tant de proches et d'autres un compagnonnage discret et lumineux.

Merci à Béatrice et à François, ses parents, de m'avoir donné ici l'occasion de lui dire ma gratitude.

À toi, Sophie, je confie les lecteurs de ce livre pour qu'ils trouvent dans ces pages les chemins de la Maison où Jésus est parti nous préparer une place (*cf.* Jean 14, 3). Comme tu le disais, et comme le rappelle ton mémento, avec tes mots : « À notre mort, bah, on ne mourra pas, parce que Jésus qui est en nous est réellement vivant éternellement. »

6 mars 2015
23e anniversaire de Sophie

Une étoile qui savait rire

Témoignage de Christiane Taubira, garde des Sceaux et ministre de la Justice

Je ne sais pas encore qu'elle se prénomme Sophie. Je sais seulement qu'elle est partie, là-bas, chez moi, sur la route, et que ce n'est pas ainsi que les choses étaient prévues.

J'apprends le si peu que l'on en sait, l'accident, les blessés, et une jeune fille décédée sur place, par une note griffonnée que me passe l'un de mes conseillers. Je suis en débat au Sénat et je me dis, naturellement, que le sujet que nous traitons en ce moment a finalement bien peu d'importance. Il est des faits qui, tragédie, redonnent aux autres le relief qu'ils ont pour de bon, rien de plus.

Je pense à ses parents. Et je frissonne. Comment entendre une chose si hors d'entendement ? Comment tenir debout ? Je me détache des débats et j'écris. Sur une feuille blanche, j'écris quelques lignes, pour dire aux parents… pour dire que je pense à ces parents-là… Quelle détresse !

Je tends cette feuille à l'huissier pour qu'il la remette à mon conseiller qui devra faire taper ce communiqué de presse puis le faire diffuser. J'essaie d'imaginer cette jeune fille, souriante au moment de s'envoler parce qu'elle sait que l'amour des siens l'accompagne.

Je réponds à la deuxième sonnerie. L'homme s'excuse de m'appeler ainsi directement, sa voix est ferme, bien qu'humide, me semble-t-il. Il est courtois. Il me dit avoir eu mon numéro de portable par Valérie Fourneyron qui lui a dit qu'il pouvait m'appeler. Il a été sensible à mon communiqué, il sollicite mon aide. Il hésite, doivent-ils se rendre en Guyane, lui, son épouse et ses trois autres enfants, pour ramener leur fille et sœur, ou pourrais-je les aider à faire revenir leur Sophie le plus vite possible, l'attente est atroce. Je l'assure qu'il n'a pas à s'excuser, que je ferai de mon mieux, que je voudrais lui dire, mais je sais si peu dire en de tels moments…

Bien après, je penserai que tout de même, il est rarissime que je réponde au téléphone. D'abord j'ai peu souvent cette machine à portée de main, et je la range durant les réunions. Cet appel survient alors que je traverse la salle des Sceaux à la Chancellerie et qu'exceptionnellement, j'ai le téléphone à la main. Toutes affaires cessantes, je m'attelle aux appels. Tout s'écoule comme si une douceur dans l'air, un voile de tendresse s'épandaient sur chacun. Car chacun consent volontiers à ce que je demande. Faire l'autopsie plus tôt. Bien prendre soin du corps. Délivrer les pièces. Autoriser le descellement à l'arrivée. Je ne sais pas dans quel ordre faire les choses, ce qui me conduit parfois à rappeler, après avoir obtenu l'engagement qui précède.

Ils disent tous oui, sans se faire prier, compréhensifs. Le procureur de Cayenne, le médecin légiste, les pompes funèbres, les maires de Cayenne, Saint-Laurent, Mana, la maire de Cayenne m'autorisant même à communiquer son numéro de cellulaire. Le procureur de Paris dit aussi oui, puis nous réalisons que l'accueil du corps se fera sur le territoire de la procureure de Créteil, qui dit oui aussi. Ainsi ce qui devait prendre dix jours n'en durera que trois. Mgr Lafont entoure les jeunes si brutalement confrontés à la mort. Ils prient et chantent pour Sophie avant de poursuivre leur route vers Rio de Janeiro, où le pape François aura des mots délicats pour évoquer sa courte vie.

Un an plus tard, sous l'impitoyable soleil de juillet, j'assiste en Guyane aux côtés des parents de Sophie à la messe anniversaire et à l'inauguration de la stèle. Entretemps, j'ai l'impression d'avoir connu Sophie. Sa joie de vivre, sa disponibilité aux autres, sa ferveur, son ardente exigence, si jeune et déjà au carrefour de tant d'expériences, si intense et prometteuse.

Un souffle.

« Une étoile qui savait rire » (Antoine de Saint-Exupéry).

Qui sème dans les larmes récolte dans la joie

Témoignage de Bruno Volpert, ami de la famille

Besançon-Paris, été 2013.

Il fait beau ce 17 juillet, je rentre de deux journées en Franche-Comté, l'ambiance professionnelle était assez chaleureuse, je découvre cette gare toute moderne en pleine campagne estivale, je grimpe rapidement dans le TGV, presque heureux d'y ressentir la fraîcheur de la climatisation. Une journée entre boulot et farniente en quelque sorte, je somnole en pensant aux vacances toutes proches, quand soudain retentit, ou plutôt vibre, ce téléphone un instant oublié, au bout du « fil » une voix sobre, calme, je la reconnais tout de suite, c'est celle de ma plus fidèle amie, celle qui s'est occupée de ma fille extraordinaire dès sa naissance, Béatrice donc. Cette voix familière m'annonce calmement cette terrible nouvelle : « Je ne sais pas si tu es au courant, ma fille Sophie est décédée. »

Je n'en reviens pas, quelques détails suivent et puis nous nous saluons presque normalement. Cette nouvelle m'a saisi et m'a transformé à jamais, je regarde ces gens dans le TGV qui ne comprennent pas, j'ai envie de hurler, l'impossible est arrivé, j'étouffe dans ce train devenu sordide et si lent ! Je passe le reste du trajet à prévenir la « bande », tous les amis à qui je demande d'écrire aux Morinière des messages de soutien. Descendu du train, je me précipite chez moi, j'allume machinalement la télévision qui passe en boucle les images de ce bus éventré, putain de camion ! C'est à cet instant que je saisis combien cette nouvelle personnelle est aussi une information publique, comme si la mort de Sophie s'adressait au plus grand nombre.

Je découvre par la suite la foule des jeunes, des autres lors de cette veillée de prière, puis cette masse impressionnante de personnes de toutes origines lors de l'enterrement de notre Sophie, preuve qu'elle touchait là encore tout le monde et chacun. Des hommes importants d'abord, petits costumes stricts et chauffeurs, mais qui pleurent dans les bras de François, des journalistes aux blousons élimés, des sportifs, des personnes handicapées, des familles entières, des jeunes, beaucoup de jeunes, une foule incroyable et recueillie, le peuple de Dieu tout simplement. Et puis viennent après chacune de ces cérémonies, car bien d'autres suivront, ces petits pots, ces dîners, ces discussions, tout le monde se parle et se serre autour des Morinière, on essaye de détendre les frères et sœur par l'évocation des souvenirs heureux. Sophie a fédéré ainsi un tas de personnes qui ne se connaissaient pas, elle nous invite à la gentillesse envers chacun.

Et bien sûr, depuis ce 17 juillet, la Vie, l'autre, celle de notre passage sur Terre, a continué, mais pas de la même manière. Une de nos amies a connu cette terrible épreuve, je lui ai demandé de se mettre à la disposition de Béatrice, ce qu'elle a fait très naturellement. C'est elle qui me donne une vision qui depuis nous frappe tous en observant les Morinière :

« Alors ? lui ai-je demandé plutôt bêtement, comment elle va, ma copine ?

– Ta copine ? Elle est de celles qui se relèvent. »

C'est un peu cela, ce chemin d'amour qu'empruntent les Morinière depuis 2013. Oui, nous les aidons, mais, avant tout, ils se relèvent. Nous sommes frappés par cette persistance à célébrer chaque moment, chaque anniversaire de Sophie, d'abord autour de Dieu par une messe, puis par un moment d'échange, car nous le vivons avec eux.

« Qui sème dans les larmes récolte dans la joie… »

Un élan plus profond

Témoignage de Mgr Emmanuel Lafont, évêque de Cayenne

Les Journées mondiales de la jeunesse s'annonçaient magnifiques. Le diocèse de Cayenne accueillait cinq cents jeunes de métropole. Il était 8 heures du matin et je me préparais à donner une catéchèse au groupe de Lyon lorsque le préfet de la Guyane m'avertit de l'accident et des blessés. Ce fut la stupeur ! J'introduisis une prière pour tous dans le temps de louange. Quelques instants plus tard, un nouvel appel m'annonçait le retour à Dieu de Sophie. Il m'a fallu l'annoncer et m'excuser de ne plus pouvoir donner la catéchèse.

La journée se passa entre Cayenne, Saint-Laurent et Paris. J'ai appelé le père de Sophie dans l'heure qui suivit. Sa maîtrise de soi et son calme acte de foi furent pour moi et pour tous ceux à qui je l'ai partagé un appel supplémentaire à vivre ce jour dans l'espérance, avec l'unique souci de réconforter les jeunes, et d'abord ceux qui voyageaient avec elle. Plusieurs étaient blessés, et je pus les rejoindre à midi, grâce à l'avion de l'armée et avec une cellule psychologique. Ils étaient prostrés, et combien je le comprenais ! Nous prîmes la décision de leur permettre de retourner dans leur famille d'accueil sur place, afin de décompresser dans un entourage connu et chaleureux. Ils nous rejoindraient à Cayenne plus tard.

Rentré à Cayenne, j'ai été également touché de la réaction des Lyonnais. Ils prirent en charge la veillée de prière pour Sophie, afin de soulager les Parisiens endeuillés. Évidemment le programme des JMJ était chamboulé ! La presse et la radio se mobilisèrent comme jamais. Le journal télévisé du soir fut totalement consacré à cet événement, cela ne s'était jamais vu ! La Guyane retint son souffle ! Et le soir, la veillée de prière, dans la cathédrale, jaillit comme un acte de foi et d'espérance qui transfigurait la stupeur et les larmes. La cathédrale était comble. Toute la Guyane était présente, avec le préfet, le maire, les corps constitués... Le message des parents de Sophie manifestait à nouveau la présence d'un Dieu qui accompagne la souffrance et la porte avec nous :

> Venez à moi, vous tous qui peinez, qui êtes surchargés, et je vous donnerai le repos. Prenez sur vous mon joug et apprenez de moi que je suis doux et humble de cœur, et vous trouverez le repos pour vos âmes. Car mon joug est aisé et ma charge, légère[1].

Nous aurions pu craindre que ce drame fasse dérailler le séjour des jeunes. Il n'en fut rien. Par la force de la foi, par le témoignage des parents de Sophie, par le souvenir de joie contagieuse qu'elle avait imprimé dans le cœur de beaucoup, par l'exubérance de cette jeunesse éprise d'idéal, la mort de Sophie a donné un élan plus profond aux rencontres, de sorte que les deux soirées de festival dans les rues de Cayenne devinrent un événement de défi au mal et à la désespérance, un appel à la confiance et à

---

1. Évangile selon saint Matthieu 11, 28-30.

la solidarité humaine et chrétienne plus fort encore. Le Ciel donnait à la terre un signe incroyable de confiance et de foi.

La Guyane et les Guyanais sont allés au-delà d'eux-mêmes dans leur accueil des jeunes. Personne n'oubliera ces JMJ. Sophie y est pour beaucoup. À elle et à sa famille, je dis simplement : merci !

La course en tête

Témoignage de Christian de Cacqueray, directeur du Service catholique des funérailles

Sophie est entrée dans ma vie le lendemain de sa mort. Ce matin-là, en entendant la radio qui annonçait l'accident, j'ai eu la conviction, en tant que responsable du Service catholique des funérailles, que j'allais être personnellement concerné par ce drame. Quelques heures plus tard, en effet, ses parents étaient face à moi, dans mon bureau : deux êtres douloureux, assaillis par les questions dont celle de revoir leur fille avant son inhumation. Légalement ce n'était pas possible puisque son rapatriement depuis la Guyane dans un cercueil zingué l'interdisait. Mais déjà je pressentais que rien ne se passerait normalement et qu'au paroxysme de la douleur allait répondre le paroxysme de l'amour providentiel.

Au terme d'un chemin chaotique, sur lequel, jusqu'au dernier moment, se dressèrent des obstacles, le jour des retrouvailles déchirantes arriva. Combien de fois, au cours de ces heures d'incertitude et de combat pour parvenir à notre fin, n'ai-je pas interpellé Sophie, bien que ne la connaissant pas, pour qu'elle nous aide à accomplir la première œuvre de son ciel : permettre à sa famille de la revoir ?

Le jour venu, François, Béatrice, Juliette, Paul et Matthieu sont arrivés au funérarium. En parcourant avec eux les quelques mètres qui les séparaient du salon où les attendait le corps de leur fille et sœur, il m'a semblé que c'est l'ascension de l'Himalaya qui leur était demandé. Et au cours de cette ascension symbolique, dans une véritable cordée où nos corps se soutenaient les uns les autres, j'ai, d'une façon unique dans ma longue expérience de ces moments douloureux, ressenti la présence du Christ souffrant, non pas à leurs côtés, mais en eux. Puis, lentement, comme un signe de ce que serait plus tard le chemin de leur deuil, je les ai vus commencer à apprivoiser l'absence de Sophie grâce à la présence de son corps qui leur parlait d'elle mais leur disait aussi, comme un message consolateur, qu'elle n'était pas dans ce cercueil, mais bien partie déjà pour un grand Amour.

Des deux heures passées ensemble dans le petit salon du funérarium, je n'oublierai pas non plus ce que dit un prêtre ami de la famille qui osa une parole courageuse sur l'inacceptable de sa mort. Parce que Sophie, dit-il, avait fait la course en tête dans le cœur du Père tout au long de sa vie, elle était la première à l'avoir rejoint. Parole courageuse mais pertinente, tant je suis témoin de la force du témoignage que porte la vie de Sophie.

Quand vint, dans le cadre de ma mission d'accompagnement de François et Béatrice, la question du choix du monument pour recouvrir la sépulture de Sophie, j'ai à nouveau senti son soutien bienveillant. En effet, après avoir consulté, classiquement, un marbrier dont les propositions reflétaient la misère de l'art funéraire contemporain, il me vint comme une évidence le nom d'un artiste de 27 ans, croisé plusieurs mois plus tôt lors de l'inauguration de notre bureau de Bordeaux. Ce garçon voulait, m'avait-il dit, remettre un souffle et de l'inspiration dans les cimetières, mais n'avait à son actif aucune réalisation dans ce domaine. Pourtant, les parents de Sophie l'ont choisi en un instant et ce qu'il a réalisé au cimetière du Montparnasse frappe toutes les personnes qui viennent s'y recueillir par sa beauté et son sens profond.

Enfin, au terme de ce parcours des funérailles de Sophie, qu'il me soit permis de témoigner que l'amitié avec ses parents, qui en a résulté, est pour moi un beau cadeau qu'elle me fait, ainsi qu'à mon épouse. C'est la première fois qu'un tel lien résulte d'un accompagnement d'obsèques et je vois dans ce lien amical, dont l'origine est si singulière, la même main bienveillante qui fait, là comme en bien des domaines, tout concorder pour le bien de tous.

Mémento

Sophie Morinière

6 mars 1992 – 17 juillet 2013

Seigneur, Toi qui a connu la foi profonde de ta fille Sophie, la douceur de son cœur, sa générosité pour embellir nos vies et sa bonté notamment envers les plus faibles, permets que le pèlerinage qui la menait à la rencontre du Pape François aux Journées mondiales de la jeunesse à Rio aboutisse au bonheur éternel près de Toi, et qu'elle continue d'œuvrer comme instrument d'amour familial et de réconciliation. Fais-moi connaître la mission que Tu veux me confier au cœur du monde présent, et accorde-moi par l'intercession de Sophie la faveur que je te demande :

Amen.

Je vous salue Marie…

Sophie est enterrée au cimetière du Montparnasse, dans le carré 26.

Table

Les documents
au Passeur Éditeur

Pierre-Anthony Allard
MES ANNÉES HARCOURT

Yaël Armanet
HAÏFA-JÉNINE, APRÈS LE SILENCE

Philippe Bilger
ORDRE ET DÉSORDRES

Clément Bosson
CONVERSATION AVEC MON GRAND-PÈRE

Agnès Brot
À LA RECHERCHE D'EDMOND MICHELET

Gisèle Casadesus
CENT ANS, C'EST PASSÉ SI VITE...

Katia Chapoutier
LOST IN JÉRUSALEM
LES VIES SECRÈTES DE PARIS

Collectif
50 ANS DE TÉLÉVISION RACONTÉS PAR...

Nathalie Duplan, Valérie Raulin
LE CAMP OUBLIÉ DE DBAYEH
JOCELYNE KHOUEIRY L'INDOMPTABLE

Roland Giraud
EN TOUTE LIBERTÉ

Anselm Grün
OSER LA VIE ET LA LIBERTÉ

Luc Guyau
NOUS, PAYSANS DU MONDE

Thérèse Jerphagnon
FIN D'HIVER

Jean-Louis de La Vaissière
DE BENOÎT À FRANÇOIS, UNE RÉVOLUTION TRANQUILLE

Laurence Noëlle
RENAÎTRE DE SES HONTES

Aziz Senni
L'ASCENSEUR SOCIAL EST TOUJOURS EN PANNE

Pierre de Vallombreuse
Y A-T-IL LA LUNE CHEZ TOI ?

CET OUVRAGE A ÉTÉ COMPOSÉ
EN PALATINO CORPS 12
PAR NORD COMPO
À VILLENEUVE-D'ASCQ

ACHEVÉ D'IMPRIMER
PAR CPI FIRMIN-DIDOT
À MESNIL-SUR-L'ESTRÉE, EN MAI 2015,
SUR PAPIER BOUFFANT CLASSIC 80 G
POUR LE COMPTE DU PASSEUR ÉDITEUR.

IMPRIM'VERT®

Dépôt légal : juin 2015.
N° d'imprimeur : 128307
Imprimé en France.